LA HOMOSEXUALIDAD

PASTORAL DE LA ATRACCIÓN AL MISMO SEXO

Comprensión - Prevención - Intervención

Juan Varela

Editorial CLIE
www.clie.es

EDITORIAL CLIE
C/ Ferrocarril, 8
08232 VILADECAVALLS
(Barcelona) ESPAÑA
E-mail: clie@clie.es
http://www.clie.es

LA HOMOSEXUALIDAD. Pastoral de la atracción al mismo sexo
ISBN: 978-84-944955-9-5
Depósito legal: B. 13711-2016
Sexualidad y estudios de género
General
Referencia: 224986

Impreso en USA / *Printed in USA*

JUAN VARELA ÁLVAREZ (España). Diplomado en Teología por el IBSTE en España y licenciado en teología por el SETEHO en Honduras. Cursó estudios de postgrado en Intervención Familiar Sistémica en el "Centro KINE", en Intervención en los Trastornos Sexuales en el "Centro Carpe Diem", en Psicología del Matrimonio y la Pareja en el centro STEA y de Mediación Familiar en la Universidad de Sevilla. Asesor en Orientación Sexual, certificado por la International Healing Foundation (Richard Cohen).

Junto a su esposa María del Mar han sido misioneros en Honduras y han ejercido como pastores en Zaragoza, Palma de Mallorca y actualmente en Sevilla. Juan Varela es fundador y Director Nacional del Instituto de Formación Familiar (*INFFA*) y Presidente del Centro de Orientación y Mediación Familiar (*COMEFA*). Ha escrito y publicado diversos libros y es conferenciante sobre temas de familia en España, Latinoamérica y los Estados Unidos.

El excelente libro de Juan Varela *La homosexualidad. Pastoral de la atracción al mismo sexo* es una propuesta esencial sobre el tema de la *homosexualidad* que cambiará su vida y ministerio. El texto está muy bien redactado y documentado, y le dará luz para poder ver el corazón y la mente de las personas que experimentan atracción al mismo sexo. Este libro es de lectura obligada para todo terapeuta profesional y ministro.

Richard Cohen, M.A.
Escritor, conferenciante y psicoterapeuta

Hoy, más que nunca, tenemos que tener argumentos sólidos para dar una respuesta compasiva frente al tema de la homosexualidad y Juan Varela los expone en este libro con claridad y con excelentes fundamentos. Crecerá al leer este extraordinario libro

Sixto Porras,
Director Regional de Enfoque
a la Familia

Dedicatoria y agradecimiento.

Dedico este libro a los héroes anónimos que luchando con su atracción no deseada al mismo sexo, han conseguido la victoria, demostrándonos a todos que sí se puede. Mi agradecimiento al pastor Marcos Zapata, amigo del corazón. No prologa este libro por casualidad. Pionero en trabajar en España la temática homosexual, mayormente dentro del círculo de las iglesias evangélicas y su área de influencia, sus seminarios del Foro HX y su participación como profesor en nuestros cursos del Instituto de Formación Familiar, despertaron en muchos de nosotros la urgencia por formarnos en estos temas. Algunos de los conceptos aquí desarrollados son fruto de su árbol de sabiduría.

ÍNDICE GENERAL

PARTE II
PREVENCIÓN: situando y explicando

PARTE III

INTERVENCIÓN: actuando y consolidando

Prólogo

Conozco a Juan Varela los suficientes años para poder afirmar que este libro está escrito desde la implicación personal en los temas en él tratados, así como desde la seriedad del abordaje de los mismos. No es desde la distancia fría y analítica de un profesional, sino desde la mirada de un verdadero pastor del rebaño.

Me ha sorprendido nada más comenzar su lectura, su planteamiento de que *"Este es un libro escrito desde la perspectiva de Dios"*, y ahí reside su clave, como él bien plantea, el amor y la comprensión son sus herramientas principales. Tratar un tema desde la perspectiva de Dios requiere una sólida formación bíblica y un corazón compasivo, características ambas que Juan Varela posee y que están impresas en este libro.

Pastoral de la Atracción al Mismo Sexo, es un libro en el que encontramos reunidas respuestas psicológicas, espirituales y familiares, así como herramientas prácticas que nos enseñarán e informarán sobre uno de los temas en el que la iglesia necesita, más que nunca, tener un criterio bien formado: la homosexualidad.

Al abrir sus páginas nos encontramos primeramente con *la comprensión*, y como bien dijera André Malraux, un conocido novelista y político francés fallecido en la década de los 70: *Si de veras llegásemos a poder comprender, ya no podríamos juzgar.* Creo que este manual nos ayudará como iglesia a no juzgar, a mirarnos primero a nosotros mismos, a evaluar nuestra propia conducta, a ver la viga en nuestro ojo antes de reprochar la paja en el ajeno. En el diálogo con la sociedad en diversos temas candentes, la iglesia debe ir vestida de humildad, con la convicción que le asiste al conocer la Palabra, pero sin la arrogancia de una posición de superioridad ética. Estimaría en gran manera que este libro llegase a aportar tal visión a la iglesia.

A lo largo de toda la obra Juan Varela va enriqueciendo su propuesta con aportaciones de expertos de la talla del Dr. Joseph Nicolosi, el eminente psiquiatra Murray Bowen, uno de los pioneros de la Terapia Familiar Sistémica, el escritor y psicoterapeuta Richard Cohen, o la reconocidísima teóloga y psicóloga Elisabeth Moberly, por citar algunos, pero sobre todo ofrece una ética sólida y permanente cuando afirma los valores de la Palabra de Dios, que en primera y última instancia es nuestro punto de partida y nuestra meta, en medio de una sociedad que él denomina la sociedad líquida (siguiendo la definición de Zygmunt Bauman, autor de recomendada lectura para entender nuestra actual sociedad) que está intentando la destrucción total de la familia.

Por ello recomiendo su lectura como un buen manual de formación para pastores y líderes de iglesia, así como una herramienta valiosísima para los padres, sin olvidarme de que sin duda será una luz de esperanza para todos aquellos que la están buscando.

Marcos Zapata

PARTE I

COMPRENSIÓN: *entendiendo y conociendo*

Comprensión:

Entendiendo el mundo de la homosexualidad

El amor y la comprensión como armas principales

Este es un libro escrito desde la perspectiva de Dios, y por lo tanto desde una dimensión de misericordia y comprensión. Desde una aproximación pastoral y cuando nos acercamos al tema de la homosexualidad, no queremos ver una enfermedad, una patología, una perversión o un pecado, queremos ser sensibles y ver caras, rostros, historias personales de profunda soledad, desorientación, y sufrimiento. Sabemos que detrás de cada historia al final todos buscamos el antídoto del amor, y así cuando nos falta, el veneno de las carencias, los vacíos, la falta de arraigo, contamina nuestras vidas. Por ello muchas personas víctimas de esa carencia de afirmación en su propio género, buscan ese amor no recibido en personas del mismo sexo. Aquí no hay condena, ni pecado inconfesable, ni juicio, ni mucho menos citas incriminatorias esgrimidas como frías espadas victorianas contra el pecado sexual, no, solo hay comprensión y una mano extendida, un lugar seguro donde ayudar a todo el que lo necesite y demande.

Desde estas páginas queremos dirigirnos a aquellas personas que luchan contra su atracción indeseada al mismo sexo. Este es el colectivo olvidado dentro de la comunidad homosexual, nos dirigimos a aquellos que no se sienten ni orgullosos ni quieren defender una tendencia que consideran negativa. Nos dirigimos a aquellos que viven angustiados y en soledad, temerosos de tener que asumir la posibilidad de renuncia a una vida de matrimonio heterosexual y a la familia. Sí, este es el colectivo no militante que vive marginado y en permanente lucha con una condición no deseada. A ellos nos dirigimos para transmitirles nuestro apoyo y ofrecerles nuestra ayuda.

También queremos dirigirnos a todos los padres que sufren, al descubrir con sorpresa y dolor que su hijo es homosexual. Bien sea para que aprendan a amarlo incondicionalmente si ha asumido y decidido una identidad homosexual, o para ayudarlo con fe y esperanza, en el camino de vuelta a su heterosexualidad natural. En cualquier caso y para ellos, hay que evitar los sentimientos de culpa y no dejarnos abrumar por las preguntas sin respuesta. Los padres de hijos con AMS[1] también necesitan ayuda y sobre todo círculos donde poder compartir y apoyarse.

Sin embargo el objetivo principal de este libro es equipar a los distintos agentes pastorales (pastores, ancianos, orientadores cristianos y líderes eclesiales en general) con las herramientas necesarias para poder afrontar con seguridad y eficacia el acompañamiento y la intervención pastoral, en casos de atracción no deseada al mismo sexo.

---

[1] Atracción al Mismo Sexo

En concreto trabajaremos la homosexualidad o la AMS[2] masculina. Creemos que la crisis de identidad es más fuerte en el varón y son más numerosos los casos de desorientación de género y homosexualidad que en el caso de las mujeres. La argumentación de esta tesis la defenderemos más adelante desde distintos frentes. Sin embargo al final de esta obra, en la bibliografía, citaremos libros que específicamente trabajen con la AMS femenina.

Cuando escribí mi anterior libro *Tu Identidad Sí Importa*, fui consciente de la necesidad de profundizar en uno de los daños derivados de la crisis de la masculinidad, que se está haciendo más patente hoy en día: la normalización, popularización y avance del fenómeno homosexual, y de toda la cosmovisión que le acompaña, especialmente la peligrosa doctrina de la ideología de género. Este libro no se puede entender sin el anterior. Por ello algunas de sus partes son ampliación o resumen de lo ya visto en *Tu Identidad Sí Importa*, pero incidiendo directamente en el mundo de la homosexualidad, la Ideología de Género y la modernidad líquida.

La estructura del libro gravita sobre tres ejes fundamentales: comprensión, prevención, intervención. En la primera parte (comprensión) con la que ya hemos comenzado el libro, proponemos por un lado un acercamiento sensible que nos ayude a entender en toda su profundidad y complejidad el tema de la homosexualidad, desde el respeto, la misericordia y la esperanza. Por otro lado comprensión, no solo en su vertiente de empatía sino también de conocimiento, es decir, *comprender* el complejo mundo de las personas con AMS y *conocer* el caldo de cultivo: modernidad líquida e ideología de género, donde se gesta la tendencia que contribuye a debilitar la identidad del varón. Finalmente también conocer las causas

---

[2] A partir de ahora y para abreviar nos referiremos a la Atracción al Mismo Sexo como AMS.

de la actual crisis de la masculinidad, que contribuyen en gran medida a la confusión de género y a la crisis de identidad.

En la segunda parte (prevención) abordamos los aspectos genético biológicos, del sistema familiar y de la cultura, que pueden constituirse en una auténtica coalición de factores que a lo largo de la vida del joven, favorezcan determinadas carencias y vacíos, abriendo así un camino hacia la identidad homosexual. Se trata por tanto de identificar dichos factores de riesgo que de no remediarse a tiempo, pudieran conducir a un estilo de vida homosexual o una AMS. Trabajaremos las etapas clásicas en la consolidación de dicha identidad homosexual, pues de esta manera aquello que detectamos y conocemos en las primeras fases, lo podemos reconducir y tratar a tiempo. En el apartado final de prevención, ponemos un énfasis especial en contrarrestar todos los erróneos conceptos de la ideología de género. Nos interesa recordar y reafirmar la ética bíblica que sitúa los conceptos de identidad, sexo y género, en el lugar que siempre les ha correspondido. Conocer para evitar (ideología de género) y conocer para aplicar (Palabra de Dios).

Finalmente la última parte (intervención) consiste en el auténtico trabajo de campo donde se desarrollan los pasos a seguir en las cinco etapas que conducen hacia la sanidad y la recuperación de la homosexualidad. Asimismo se trabajan los daños colaterales que suelen acompañar toda conducta homosexual: lujuria, masturbación, pornografía. Al final se provee a los agentes pastorales, de las herramientas adecuadas para que sepan ayudar y dirigir el proceso de identificar, sanar y afirmar la heterosexualidad de personas con AMS. La de aquellos que voluntariamente quieran revertir su identidad de género y orientación sexual[3].

---

[3] Lo mencionamos ahora y lo haremos después. El objetivo principal es recuperar la heterosexualidad, pero reconocemos que puede haber casos donde lo que lograremos sea el control en victoria de la tendencia homosexual.

Los cristianos no somos homófobos

Retomando el primer apartado de comprensión, hemos comentado que nuestro acercamiento al mundo de la homosexualidad debe ser desde el lado del respeto y la mano extendida. Ese mismo respeto y esa misma comprensión, humildemente la demandamos del colectivo homosexual militante. Queremos hacerlo rebatiendo una injusta acusación que se nos hace: "Los cristianos que no están de acuerdo con el estilo de vida homosexual son homófobos". Nada más lejos de la realidad pues la homofobia es contraria al espíritu del evangelio.

Los cristianos no podemos ser homófobos, en el sentido estricto del término que implica "miedo, odio, desprecio o violencia contra las personas de condición u orientación homosexual". Bajo este punto de vista, la homofobia es tan negativa como la xenofobia o la propia misantropía[4], y lleva a ignorar derechos humanos fundamentales como la libertad, la dignidad y el respeto. Derechos que el colectivo LGTB[5] posee como cualquier otra persona, no por el hecho de ser homosexuales, ni que se desprenda de su condición homosexual, sino que derivan de su condición de seres humanos hechos a imagen y semejanza de Dios. La iglesia cristiana[6] asume esto y se opone abiertamente a la homofobia y la condena, lamentando igualmente que aquellos que también la condenan, nos acusen de homófobos, por desgracia participando ellos mismos de la misma actitud intransigente.

---

[4]   Actitud patológica caracterizada por la aversión generalizada hacia la raza humana.

[5]   Se denomina movimiento LGBT al colectivo social y político compuesto por gays, lesbianas, bisexuales y transexuales, que pretenden conseguir la normalización social y la equiparación de derechos en igualdad con los heterosexuales.

[6]   Debemos matizar "la inmensa mayoría de las iglesias cristianas", pues lamentamos que algunas denominaciones cristianas minoritarias, acojan y acepten el estilo de vida homosexual.

Sin embargo, el hecho de que no se deba odiar o maltratar al colectivo homosexual, no presupone que uno deba compartir como moralmente aceptable su conducta. Oponerse al activismo gay no es homofobia, es simple y llanamente ejercer nuestro derecho constitucional y de relaciones humanas básicas, a no estar de acuerdo con su ideario y práctica de vida homosexual. La opinión de cualquier persona en el ámbito de la moral individual o social, religiosa o filosófica, debe ser respetada como parte fundamental del derecho a la libertad de expresión. Y en este ámbito la inmensa mayoría de las confesiones cristianas no estamos de acuerdo con el estilo de vida homosexual ni con su equiparación legal en el mismo status que el del matrimonio heterosexual[7]. Por tanto los cristianos no imponemos nuestro criterio ni mucho menos pretendemos que aquellos que no lo compartan, sufran nuestro rechazo. Pero si bien no lo imponemos, sí lo defendemos y por ello exigimos con humildad pero con firmeza, que se respete nuestro posicionamiento a pensar diferente.

Por ello defender la heterosexualidad y promover que la homosexualidad no es buena, tampoco debería ser considerado ilegal, pues la libertad de expresión todavía garantiza que la simple opinión sobre el carácter bueno o malo de algo, sin alentar o promover el odio ni el rechazo contra las personas, nunca debería ser considerada objeto de sanción. Por supuesto que no nos dejamos intimidar ante leyes por muy constitucionales y democráticas que sean, si contradicen la Palabra de Dios y abiertamente desafían nuestros valores. Nos tocará respetarlas pero nadie nos puede obligar a aceptarlas, ya que lamentablemente no todo lo legal es moralmente aceptable, al menos para los cristianos. Y si lo fuere entonces estamos claros, pues la Palabra dice: "Es necesario obedecer a Dios antes que a los hombres".[8]

---

[7] Aunque respetamos a cualquier pareja homosexual que se case legalmente en aquellos países donde esté aprobado el matrimonio homosexual.

[8] Hch.5:29.

Sobre esto, Pablo Blanco comenta:

Con todo, la pretensión más peligrosa, antisocial y antidemocrática, es el intento de prohibir la libertad de expresión, para acallar las voces que condenen estas políticas que se están desarrollando. Hasta ahora, los colectivos homosexuales se dedican a insultar, sabotear o calificar de "homófobos" a cuantos se oponen a sus pretensiones. Pero en cualquier momento un educador cristiano podrá ser expulsado de la docencia, un predicador multado, una iglesia condenada o clausurada, acusados del delito de discriminación sexual, cuando publique, divulgue o enseñe cosas como las que se tratan en este estudio... La presión que se está ejerciendo en esta materia no tiene semejanza alguna con ninguna otra esfera ideológica de la sociedad, en la que la discrepancia, la condena y la enseñanza de posturas diferentes y alternativas se aplaude y fomenta con la etiqueta de pluralidad, libertad o democracia.[9]

Al final los activistas del movimiento gay son los modernos talibanes de la supuesta cultura de la tolerancia, que condenan a todo el que no comulgue con su ideario de género, convirtiéndose ellos mismos en paladines de las propias actitudes retrógradas que condenan. Al respecto Van den Aardweg comenta:

El cenáculo más poderoso de nuestro tiempo, entre los intelectuales y semiintelectuales, es la comunidad de seguidores de las opiniones predominantes, tendenciosamente progresistas. A cualquiera que se atreva a plantear una teoría de diferencias entre grupos de gente, lo acusan del pecado de discriminación.[10]

---

[9] Blanco, Pablo, excelente trabajo inédito titulado "La conducta homosexual". El autor autoriza su descarga: http://www.iglesia.net/pdf/laconductahomosexual.pdf. Este libro recoge algunas de sus reflexiones.

[10] Van den Aardweg, Gerard, "Homosexualidad y esperanza", p.20 Fuente: www.esposiblelaesperanza.com

Otra de las grandes contradicciones de nuestro tiempo en estos temas, es la polarización en las posturas frente a la homosexualidad. La moderna Inquisición secular por un lado, y por otro el radicalismo islámico. En unos países te decapitan por ser homosexual, en otros te procesan judicialmente por no estar de acuerdo con la homosexualidad. Triste y lamentable paradoja desde la que de nuevo reclamamos el respeto y el derecho a pensar diferente, sin que por ello tengamos que ser juzgados o condenados.

Sobre esa etiqueta de homófobos ignorantes, se promueve la falsa impresión de que la ciencia y la razón como valores supremos que están al servicio de los derechos civiles, consideran como anacrónicas e intransigentes las reivindicaciones que, sobre el tema que nos ocupa, se hacen desde la mal llamada religión tradicional, o de los "fanáticos religiosos". El problema es que las "modernas" sociedades occidentales, aquellas de tradición judeocristiana, aceptan ya como algo socialmente normalizado, el aborto, el divorcio exprés, las relaciones prematrimoniales, el adulterio, la homosexualidad, la prostitución, etc. Pero lo que es realmente preocupante es que aquellos que parecen jactarse de un espíritu de tolerancia y respeto, de seguir en esta vertiginosa escalada de laxitud moral, acabarán aceptando y por tanto legalizando también, otras prácticas aberrantes como la pederastia, la zoofilia, etc.

Ante esta oscuridad moral y perversión sin límites, el estilo de vida homosexual es descrito por los medios de comunicación social y por el propio colectivo, como de color rosa, alegre[11] y festivo. Pero si nos acercamos a las historias de la realidad vivida por homosexuales durante muchos años, queda claro que la felicidad no se encuentra en ese estilo de vida. En muchos casos se trata de relaciones inconstantes y poco duraderas,

---

[11] El término "gay" quiere decir justamente "alegre".

llenas de problemas de soledad, celos, infidelidad, depresiones y suicidios[12], que sumados a las enfermedades venéreas y otras enfermedades de transmisión sexual, constituyen la otra cara de la moneda no mostrada en los medios de comunicación. Interesante lo que comenta la madre de una joven lesbiana:

Es un mundo en el que las emociones se construyen con mentiras. Para alcanzar una satisfacción momentánea del sexo, los homosexuales repiten "te quiero" tan a menudo como se dice buenos días. Una vez que la experiencia ha finalizado, solo están preparados para decir adiós. La caza empieza otra vez...[13]

Esto tiene que ver con lo que Van den Aardweg llama el **complejo homosexual,** por el que se establecen las siguientes pautas de conducta sobre la patología del amor homosexual:

1. Búsqueda incesante, y a veces compulsiva, de un nuevo amante.
2. El amor homosexual es egoísta y narcisista. Un afán por ser querido.
3. El homosexual se ha quedado en un estado de niño inmaduro. El "yo niño" no ha evolucionado.
4. El deseo por alguien del mismo sexo es pasivo. No hay entrega, solo consumo.

No es por tanto, en la mayoría de los casos, una experiencia feliz y gozosa como la del enamoramiento heterosexual[14], el sentimiento de fondo es el de desesperanza, dolor. Esta búsqueda de amor está por supuesto dirigida

---

[12] Por desgracia algunos provocados por la ignorancia, el desprecio y la marginación social a la que muchos gays son sometidos.
[13] Van den Aardweg, Gerard, "Homosexualidad y esperanza", p. 35, Fuente: www.esposiblelaesperanza.com
[14] Cuando el amor heterosexual cumple con su compromiso.

al propio ego, pues el amor homoerótico suele ser egocéntrico y narcisista.

En las relaciones sociales, muchos homosexuales parecen adictos a ganarse la simpatía de todos, desarrollando una habilidad frívola para ser el alma de la fiesta, el más adorado, extrovertido y snob. Solo es una fachada, papel cartón que en muchos casos revela inseguridad, profundo desarraigo y freno en el proceso de maduración. Aquí entra la dificultad de muchos homosexuales en el amor, su complejo de inferioridad de género y su carencia afectiva, de arraigo y pertenencia, le llevan a un amor rebajado, donde en realidad buscan atención y reconocimiento sobre sí mismos. Es decir, su propio egocentrismo y carácter narcisista anula su capacidad de amar. Es el anhelo insaciable de nunca sentirse querido y aceptado. Murray lo describe en su libro "Batalla por la normalidad" como una "egofilia inmadura".

Como conclusión a este apartado, diremos que para los cristianos queda claro que Dios ama a los homosexuales, también a los heterosexuales, y a los negros, asiáticos, musulmanes o budistas. Porque independientemente de religión, raza, nacionalidad o género[15], Dios ama por igual a todo ser humano, simplemente porque somos creación suya. Evidentemente eso no quiere decir que Dios apruebe determinados estilos de vida o posicionamientos éticos o religiosos, como por ejemplo, y en el caso que nos ocupa, el estilo de vida homosexual. Para los cristianos no es una opción legítima dentro del marco ético de la Palabra de Dios, ni desde la teología ni desde la antropología bíblica[16]. De hecho desaprobamos la práctica homo-

---

[15] Entendiendo por género los dos únicos que son marca de nacimiento en todo ser humano: masculino y femenino.

[16] No es el propósito de este libro rebatir los argumentos de la teología gay ni defender la posición bíblica contraria a la práctica homosexual. Para ello ofreceremos al final fuentes bibliográficas para abordar en profundidad el tema.

sexual del mismo modo que desaconsejamos algunas prácticas heterosexuales, o del mismo modo que desaconsejamos la ideología de género, o ideologías marxistas, fascistas o ateas. Esto no es falta de tolerancia o intransigencia religiosa, es simplemente tener criterios definidos y ser consecuentes con nuestros valores y ética de vida.

Por todo ello, las iglesias sólidas reclamamos nuestro derecho a pensar diferente, sin que por ello tengamos que ser juzgados o condenados, reclamamos nuestro derecho a ser una iglesia sólida que sepa diferenciarse de una sociedad en la que nos negamos a diluirnos. Queremos defender una iglesia firmemente arraigada en el ancla de valores creacionales y no culturales, y por tanto normativos para todo tiempo y edad, valores creacionales que son atemporales y eternos y que no pueden ser cambiados ni pervertidos por filosofías huecas, modas pasajeras, o políticas de turno. Y es una iglesia sólida como columna y baluarte de la verdad, la que desde el respeto a los homosexuales como personas, se opone a la práctica de la homosexualidad, a las doctrinas de la ideología de género y a los postulados de la modernidad líquida. Lo contrario es defender un antropocentrismo laicista, frente al teocentrismo bíblico.

Finalmente dejamos claro que los cristianos, en el ámbito de las libertades personales, respetamos a las personas que escogen vivir un estilo de vida homosexual y no entra en nuestro criterio ni voluntad intentar cambiarlas o disuadirlas de su libre elección. Esperamos lo mismo de ellos. Sin embargo toda persona que acuda a nosotros considerando que su atracción por el mismo sexo es algo con lo que no quiere convivir, o aún que acuda a nosotros con una confusión en cuanto a identidad de género, encontrará comprensión y ayuda para afirmar o reconducir su orientación sexual. Este es el objetivo principal del libro.

¿Qué es la homosexualidad?

No es fácil proponer una definición universal de lo que es la homosexualidad pues abarca muchos y diversos aspectos. En estos casos lo sencillo es lo profundo. Douglas A. Houck, citando a la Dra. Moberly, define la condición homosexual como:

Una carencia en la habilidad de un niño/a para relacionarse con el padre/madre del mismo sexo, en general, junto con el correspondiente impulso a compensar dicha carencia, a través de relaciones con el mismo sexo. La persona homosexual busca llenar la legítima necesidad de amor, a través de medios eróticos[17].

Normalmente esa carencia afectiva y de modelaje que no tiene de su propio padre, puede sobredimensionarse en la madre, provocando un vacío de género masculino y una inclinación de la balanza hacia el mundo femenino. En todos los casos se trata de necesidades de amor insatisfechas en los primeros estadios de maduración de un niño. Por eso defendemos y luego explicaremos que la condición homosexual no tiene que ver con sexo, sino con falta de amor, arraigo e identidad desde la más tierna infancia.

Génesis de la homosexualidad: ¿Heredada o adquirida?

En mi anterior libro *Tu Identidad Sí Importa* vimos como el hombre ha ido sufriendo una serie de pérdidas que partiendo de Gn.3 con el germen de la pasividad y la rebeldía a Dios, se fueron desarrollando a través de las culturas y civilizaciones. La pérdida de los rituales de iniciación a la verdadera hombría y a

---

[17] Fuente: http://www.freeministry.org/h/articles/moberly.htm.

la auténtica masculinidad, junto con la confusión de género y la redefinición de roles sociales, se constituyen en sumandos que van debilitando los cimientos de una masculinidad que cada vez va sintiéndose más desorientada y confusa. Es a partir de esa confusión y fusión de géneros, que muchas personas pueden llegar a la conducta desviada, de la identidad homosexual.

¿El homosexual nace o se hace? Las dos tendencias en pugna en el debate sobre la etiología de la homosexualidad, corresponden en sus extremos, por un lado, a los colectivos homosexuales que defienden que el homosexual "nace", y por otro, a los colectivos con una ética basada en valores cristianos conservadores[18] (o aun profesionales de la salud con posicionamientos empíricos, o puramente científicos), que defiende que el homosexual "se hace". Entre esos dos polos opuestos se mueven otro tipo de personas que escogen por intereses diversos, una u otra postura, con distintos matices. Es decir los que creen que la homosexualidad se hereda genéticamente, el famoso gen homosexual, y los que defienden que se aprende por la confabulación de factores culturales y sociales. Nos referimos a los "genetistas" y a los "ambientalistas". En realidad sería pecar de simplista defender a ultranza una u otra postura, reduciendo el problema a esos dos argumentos opuestos. El asunto es bastante más complicado. Al respecto Richard Cohen, comenta:

Como cualquier otro estado complejo, mental y de conducta, la homosexualidad tiene muchos factores. Ni es exclusivamente biológica ni es exclusivamente psicológica, sino que resulta de una combinación difícil de cuantificar por ahora de factores genéticos, influencias intrauterinas (algunas innatas a la madre y por tanto presentes en cada embarazo, otras circunstanciales en un embarazo determinado), ambiente postnatal (tales como

---

18 Aunque ya exista y se defienda una supuesta teología gay.

comportamientos de los padres, de los hermanos o culturales) y una complejas serie de elecciones repetidamente reforzadas, sucedidas en fases críticas del desarrollo[19].

Por tanto en la asunción de una identidad homosexual, se da la confabulación de toda una serie de factores a lo largo de las etapas de desarrollo. Cuando Cohen señala que no se trata de factores "exclusivamente biológicos" abre la puerta a la posibilidad de que los haya, y ciertamente se dan, pero por sí solos son un débil argumento, y nunca podrían constituirse en la génesis de la homosexualidad. Además aquí hay otro dato importante, pues el propio Cohen señala que una conducta sexual repetida, reforzada y unida a las condiciones ambientales y culturales, puede cambiar con el tiempo, la estructura cerebral y la química corporal, y que por lo tanto dichos factores, no serían *la causa* de la conducta sino su *consecuencia*.

Master y Johnson reconocidos por sus informes sobre la sexualidad y que claramente apoyan la homosexualidad, dicen: *Es de vital importancia que todos los profesionales en el campo de la salud mental tengan presente que el hombre o mujer homosexuales son fundamentalmente un hombre y una mujer por determinación genética y que tienen tendencias homosexuales por preferencia aprendida.*[20]

De forma, que la homosexualidad no es una condición con la que se nace, sino un largo camino que comienza en la infancia con un vacío de género y que a través de múltiples factores desemboca en la asunción de una identidad homosexual[21]. Muchos autores defienden que uno de los factores principales son una serie de carencias afectivas hacia el progenitor del

---

[19] Cohen, Richard, "Comprender y sanar la homosexualidad", LIBROSLIBRES, Madrid, 2004, p.58.
[20] http://www.conoze.com/doc.php?doc=1422.
[21] Sobre las etapas que se dan en ese largo camino hablaremos en la segunda parte del libro.

mismo sexo, que pueden venir motivadas por una figura materna excesivamente presente,[22] por deficiencia emocional de la figura paterna (debido a ausencia física o pasividad emocional) o por claro rechazo afectivo del padre. Y es que en el asunto que nos ocupa, la presencia del padre es clave, pues como alguien dijo: "El padre es el destino".

De todo lo dicho se deriva que la homosexualidad no es una cuestión de simple atracción sexual como ya hemos mencionado. Esto viene avalado por el hecho de que los sentimientos e inclinaciones desviadas hacia el propio sexo, se producen en las primeras etapas de la niñez, por tanto en un periodo todavía a-sexual. Aunque es bien cierto que luego esa carencia afectiva, si se sigue fortaleciendo con otros factores, se erotiza llegada la pubertad y adolescencia, eclipsando esos otros factores y pareciendo exclusivamente una cuestión de índole sexual.

Por tanto la homosexualidad, en origen, no es una atracción sexual hacia el mismo género, eso es solo el síntoma. La causa real es la carencia afectiva y el desarraigo, en muchos casos con la figura paterna, que si se sigue agrandando, debido a otros muchos factores que ahora veremos, puede iniciar el proceso de un "pre-homosexual" a un homosexual declarado. El gran problema en todo esto, es que para ser padre, primero hay que ser hombre, y en la actual crisis de la masculinidad la figura del hombre está muy devaluada y desdibujada. De ahí que no nos cansaremos de repetir la tremenda importancia del papel del hombre como padre y su responsabilidad de modelar una masculinidad adecuada.

El problema es real, complejo, y nos tiene que volver muy conscientes de la importancia de que en nuestras iglesias y entornos de influencia, estemos preparados para afrontar la

---

[22] A lo que contribuye el "tanque emocional" femenino mucho más grande que el del varón, y el hecho de que muchas madres desplazan hacia sus hijos sus propias necesidades afectivas no satisfechas por sus maridos.

realidad del fenómeno homosexual y la cultura que lo rodea. Tenemos que saber detectar los síntomas antes de que sea demasiado tarde, pues a la moda actual de la vida y cultura gay, se une el ataque de Satanás, quien tiene en la homosexualidad y en la ideología de género, un arma poderosa para robar la identidad de los hijos de Dios, y romper el primer pilar de toda familia en sus dos vertientes troncales: esposo y padre.

Sociedad líquida y ética flotante: Los postulados de la Ideología de Género

La modernidad líquida

El entorno social donde se cuece el caldo de cultivo que origina la homosexualidad, es la mutante sociedad de la modernidad líquida, nuevo concepto que sustituye a la ya caduca posmodernidad. Esta filosofía de vida ha dado paso a una nueva cosmovisión global donde ya no solo se transforman las costumbres, las formas o las modas culturales, es algo más profundo y ontológico. Ya no es un cambio del continente, sino sobre todo del contenido. No se trata de cambiar la actuación externa del ser humano, sino de transformar la esencia misma de su propia naturaleza. Género e identidad ya no son importantes, solo aspectos circunstanciales. Pero tampoco debemos restar importancia a los cambios externos pues se dan en una auténtica aceleración de vértigo donde todo tiene una fecha de caducidad muy limitada y solo se busca la inmediatez de lo instantáneo. El sociólogo Zygmunt Bauman, uno de los grandes pensadores de nuestra era, es quien acuñó el concepto de la modernidad líquida. Leamos lo que dice al respecto:

La sociedad moderna líquida es aquella en que las condiciones de actuación de sus miembros cambian antes de que las formas de actuar se consoliden en unos hábitos y en unas rutinas determinadas. La liquidez de la vida y la de la sociedad se alimentan y se refuerzan mutuamente. La vida líquida como la sociedad líquida no puede mantener su forma ni su rumbo durante mucho tiempo.[23]

Se trata de un pensamiento fundado en la trilogía del relativismo, el feminismo radical y el hedonismo, así como en concepciones profundamente individualistas y autónomas, que desarman el carácter gregario y relacional del ser humano, rechazando la sexualidad natural y estable de la pareja heterosexual, tachándola de represora y limitante. La ideología de género quiere establecer la sociedad del hedonismo, pues considera que los seres humanos pueden alcanzar la felicidad en la realización de sus propios deseos, incluidos los sexuales sin límite moral, legal o incluso corporal alguno, utilizando para ello cualquier medio posible, incluido el control de la natalidad, el aborto, y por supuesto la supresión de la diferenciación sexual.

Consiste en una a-sexualización o sexualización total de la vida, según se mire. No existen diferencias sexuales por naturaleza heredada, sino solo roles o papeles sociales opcionales en la conducta sexual del individuo, que además están condicionados en su enfoque, al capricho, estado emocional o circunstancial del momento que se vive.

La nueva modernidad líquida promueve cambios vertiginosos y radicales en la civilización histórica, facilitando la transición hacia un pensamiento más holístico y universal. Esta perspectiva ultramoderna, favorece el resurgir de una sociedad cada vez más uniforme, donde el énfasis se pone en diluir la identidad, el género y la sexualidad de la persona, y en la que los rasgos o características diferenciales antes atribuidas a cada sexo, se presentan indistintamente en ambos géneros

---

[23] Bauman, Zygmunt, "Vida líquida", Ediciones Austral, 2005, p. 9.

desdibujando límites y creando una extraña sensación de producción en serie y de identidad flotante o mutante.

Dentro de este nuevo "desorden social" sumergido en un proceso de individualización y narcisismo sin precedentes, los conceptos de androginia[24] y pangénero[25] se vuelven sumamente relevantes, ya que cumplen con la reivindicación histórica de igualdad de oportunidades en todos los campos, tanto como para la mujer como para el hombre, generando un rechazo a las tradicionales y monolíticas identidades prefijadas de "hombre" o "mujer". Al respecto la psiquiatra Iris Luna comenta: *No se trata solo de imágenes exteriores (varones usando cabello largo, pendientes, o mujeres con cabellos cortos, cuerpos delgados y ropas antes masculinas), se observa malestar de encarnar un modelo binario "hombre" o "mujer" y rechazo de identidades prefijadas*[26].

Todo este caldo de cultivo dificulta el que las personas tomen conciencia de su identidad, ello genera desorientación, falta de arraigo, falta de propósito y sentido de dirección. No hay ideales, ni fe en el futuro. Es un auténtico ataque a la esencia del ser humano a sus raíces teológicas y antropológicas. De esto se nutre la confusión de género, el vacío, el desarraigo y la cultura de la sexualidad líquida con sus múltiples y casi infinitas variantes. Son los frutos amargos y podridos de la falta de asideros morales, éticos y teológicos.

---

[24] La Androginia es definida como la capacidad de un individuo para identificarse indistintamente con rasgos y comportamientos típicamente masculinos o con rasgos típicamente femeninos. Se dice de aquella persona cuyos rasgos externos no se corresponden claramente con los de su propio sexo". El andrógino es un ser física y genéricamente indefinido, con rasgos sexuales de hombre y de mujer.

[25] En estas personas confluyen los rasgos femeninos y masculinos, sin depender de las circunstancias. Sirve cualquier clase de género o toda clase de género. Es una identidad en la que se ubican todas las identidades, aunque de una manera fija y no variable como en el género fluido.

[26] Luna Montaño, Iris, "Androginia y posmodernismo: una aproximación desde la psiquiatría", Op. Cit.

La modernidad líquida es como el ave fénix que renace de sus cenizas. Por eso está de moda promover que los seres humanos no tenemos "ley natural" innata y que la esencia y la verdadera emancipación del ser humano es la libertad para redefinirnos y reinventarnos a nosotros mismos como queramos. Por tanto ya no somos ciudadanos de una urbe organizada donde ocupamos nuestro lugar y respetamos las reglas del juego sin negar nuestras raíces judeocristianas. Nos pasa como al principio en Génesis cuando Adán y Eva fueron expulsados del jardín del Edén a la tierra de Nod[27], de su hogar seguro, al territorio vacío y yermo. En realidad seguimos fuera del Edén, en tierra extraña. Pareciera que el castigo al que fueron sometidos al ser expulsados, condenara al ser humano a vivir como un nómada contemporáneo en la ambigua y líquida aldea global. El hombre que no busca a Dios, sigue perdido intentando reubicar su identidad en la moderna tierra de Nod, como un peregrino escéptico siempre buscando, siempre cambiando, siempre mutando.

La civilización moderna ha perdido los rasgos distintivos de la colectividad social. Ya no somos familia, ni siquiera tribu, ni siquiera ciudadanos de una ciudad o comunidad, solo somos individuos de una individualidad sin fronteras, sin patria ni residencia permanente, en tierra de nadie. Vamos claramente hacia la cultura del vacío, como dijera Salomón hacia la nada, el vaho, la vanidad. Se trata de un viaje a ninguna parte bajo una nueva construcción de la identidad personal, sexual y de género donde todo es subjetivo y circunstancial. Alguien dijo acertadamente que con la ideología de género el hombre moderno se despoja de las exigencias de su propio cuerpo y sus leyes naturales, morales o teológicas.

La ideología de género contempla a la familia natural según Dios la creó, como una institución zombie que camina

---

[27] Nod significa "extraño".

mortalmente herida, y ya ni siquiera debe ser sustituida por la tribu o comunidad, que fueron aspiraciones de la superada posmodernidad, sino que debe ser sustituida por el ya mencionado concepto de "individuo", donde el valor del compromiso se abarata y diluye en un amor flotante e individual, sin responsabilidad hacia el otro, siendo su activo principal, la fluidez de los sentimientos momentáneos. A la rapidez de los cambios en esta modernidad líquida, y como ya hemos comentado, pronto la homosexualidad será algo superado por aprobado. La conquista social del orgullo gay se consiguió y ahora toca mirar más adelante rizando el rizo hacia el concepto de género flotante y sexo líquido, ¿Cuál será el siguiente paso?

Realmente da miedo observar hacia donde avanza la supuesta civilización moderna. Estamos cambiando aspectos que pertenecen a la esencia de la creación en el ser humano, es una parcela sagrada a la que no nos es permitido ingresar. Por desgracia se ha cumplido Proverbios 23:10 "No traspases el lindero antiguo ni entres en la heredad de los huérfanos". El diseño divino no se puede profanar, las fronteras de la ética de Dios no se pueden traspasar sin sufrir amargas consecuencias. Con la violación de nuestra identidad natural perdemos la paternidad y la filiación divina, quedando desnudos y huérfanos, y así navegamos hacia la destrucción de la imagen de Dios en el ser humano y de su carácter gregario y colectivo.

Uno de los aspectos fundamentales de la "imago Dei" en el ser humano, se establece en Gn.2:18 "no es bueno que el hombre esté solo le haré ayuda idónea", ahí nace la sexualidad y como consecuencia el género, el principio de la complementariedad y el carácter relacional del ser humano. Esta es su esencia profunda que ahora la ideología de género y la modernidad líquida están destruyendo. El barco del ser humano navega a la deriva por aguas inciertas, sin anclas que le aseguren permanencia, y sin timón que marque un rumbo prefijado. Por tanto a merced de los vientos y las mareas de turno. Ya lo dijo Séneca hace tiempo: "Si no sabes a que puerto te diriges, cualquier viento es bueno".

Por ello quien apoye el estilo de vida homosexual, apoya la ideología de género como su base doctrinal. El problema es que la ideología de género ya ha superado el debate entre homosexualidad y heterosexualidad. En su desenfrenada carrera por destruir la imagen de Dios en el ser humano, ahora aboga por la destrucción del concepto "género", que como venimos mencionando, es sustituido por los modernos conceptos de pangénero, sexo fluido, polisexual, etc. Y asimismo debe quedarnos muy claro que quien apoye el estilo de vida homosexual y la ideología de género, forma parte de los paladines de la "moderna modernidad líquida", que como estamos viendo, es una filosofía sin certezas ni absolutos, donde todo vale, todo sirve, todo fluye. El problema es que a muchos pensadores de esta ideología, en su afán por abrir su mente y liberarse de prejuicios, la abrieron tanto, que por desgracia se les cayó el cerebro…

En decadencia el estado de bienestar, hemos roto la baraja de una ética normativa, ya no hay relatos colectivos que otorguen sentido a la existencia. Quien apoye el estilo de vida homosexual, al mismo tiempo apoya que los valores judeocristianos de nuestra civilización, sean sustituidos por la manida alianza de civilizaciones, y por un secularismo feroz que de seguir a este ritmo acabará admitiendo la pedofilia, el bestialismo y otras prácticas aberrantes, como inclusivas, normales y legales. Como dijera Adolfo Vásquez: "Surfeamos en las olas de una sociedad líquida, siempre cambiante, incierta y cada vez más imprevisible". ¿Quién quiere navegar en este barco? Desde luego los creyentes y las iglesias sólidas no, pues los postulados de esta modernidad líquida, representan claramente los valores del Anticristo. Lamentamos que haya iglesias líquidas capaces de cambiar el mensaje inmutable de la Palabra de Dios y adaptarlo a los nuevos recipientes del humanismo secular, la ideología de género y la cultura del todo vale.

En la caduca posmodernidad se trataba de definir múltiples posibilidades de género, ahora se excluye el propio concepto que implica siempre "distinción" y se llega al despropósito del concepto andrógino, algo ni masculino, ni femenino, ni homosexual. Pero la estupidez de la modernidad líquida y su doctrina llega a cotas insospechadas cuando anuncia el llamado sexo o género fluido[28]. La identidad (la que sea) ya no es una condición que se asuma para vivir conforme a esa elección (homosexual, bisexual, transexual, heterosexual, etc.) no, ahora es algo circunstancial sujeto a las emociones, hormonas y capricho del momento que viva el individuo, hoy fluyo como homosexual, mañana como bisexual, pasado quien sabe cómo. Algo parecido al género camaleón que va cambiando a tenor del ambiente donde se ubique.

Bajo esta nefasta cosmovisión, se habla de "cinco géneros" o "cinco sexos". Otros no hablan de ninguno, ya que se trata de llegar a una situación sin "sexos fijos", donde cada uno pueda elegir a su gusto, por el tiempo que quiera, el "rol" que más le guste. En cuanto al concepto de género se barajan múltiples opciones distintas, en una escalada de variantes que roza la demencia. A continuación ofrecemos una paráfrasis de los 5 mandamientos de la ideología de género propuestos por Alex Rosal:

1. **El sexo biológico se puede modificar.** Es algo que se elige pues en la alacena de la oferta homosexual hay más de 50 opciones de género.

---

[28] El género fluido establece periodos de transición indefinidos y variables en los que se identifica como un género y otros periodos en los que se identifica como otro. El género fluido ya no está condicionado por la presencia de diversas características u orientaciones sexuales, sino por una búsqueda apremiante de conformidad circunstancial en la identidad de género.

2. **Hombres y mujeres son iguales.** Hay que huir de roles de *género* y estereotipos. Hombres y mujeres tiene las mismas aptitudes para hacer de padre o madre, no hay distinción.

3. **La familia natural es solo un estereotipo.** Ya no se puede hablar de un modelo normativo de familia, ahora hay muchas y diversas opciones.

4. **Desexualizar la progenitoriedad.** Ya que los niños pueden nacer al margen de la unión sexual de padre y madre, por inseminación o vientre de alquiler, los vínculos paternales se rompen.

5. **Necesidad de una colonización ideológica.** Hay que conquistar las escuelas y los mass media, formando y adoctrinando las mentes de los niños. El lobby gay debe influir en los gobiernos para establecer una auténtica doctrina de la ideología de género.

De esto va la ideología de género. Aquí las decisiones se toman amparándose en las luces de la razón y eventualmente de las ciencias humanas, pero esa postura nos lleva a dar por supuesta una ética en la que la clave para distinguir el bien del mal es responsabilidad de la propia persona. A nivel individual nos encontramos con una institucionalización del subjetivismo y el relativismo donde reina la no existencia de reglas generales universales válidas. No van desencaminadas las palabras del cardenal Ratzinger:

La ideología de género es la última rebelión de la creatura contra su condición de creatura. Con el ateísmo, el hombre moderno pretendió negar la existencia de una instancia exterior que le dice algo sobre la verdad de sí mismo, sobre lo bueno y sobre lo malo. Con el materialismo, el hombre moderno intentó negar sus propias exigencias y su propia libertad, que nacen de su condición espiritual. Ahora, con la ideología de género el hombre moderno pretende librarse incluso de las exigencias de su propio cuerpo: se considera un ser autónomo que se construye a sí mismo; una pura voluntad que se autocrea y se convierte en un dios para sí mismo[29].

Asimismo Pedro Trevijano, autor del libro Relativismo e Ideología de Género, dice al respecto:

Es decir, la ideología de género considera la sexualidad como un elemento cuyo significado fundamental es de convención social. No existe ni masculino ni femenino, sino que nos encontramos ante un producto cultural. El ser humano nace sexualmente neutro, posteriormente es socializado como hombre o mujer. La diferencia entre varón o mujer no corresponde, fuera de las obvias diferencias morfológicas, a la naturaleza, sino que es mera construcción cultural, según los roles y estereotipos que en cada sociedad se asigna a los sexos. Para esta antropología que pretende favorecer perspectivas igualitarias, liberándonos de todo determinismo biológico e incluso de la distinción de sexos misma; homo, hetero y bisexualidad son igualmente válidas y tan solo una cuestión de preferencia. En esta mentalidad el hombre y la mujer eligen su sexo y lo pueden cambiar, cuantas veces lo estimen oportuno, hasta el punto de que las diferencias entre hombres y mujeres no tienen relación con las causas naturales o biológicas, sino que se deben a determinaciones sociales.[30]

Algunos de los militantes de esta venenosa y podrida doctrina afirman que estamos ante el final de la heterosexualidad. Otro de los ideólogos de este pensamiento de la nada es Oscar Guasch, doctor en antropología social, un auténtico pensador líquido. Da miedo leer sus comentarios:

---

[29] http://www.conelpapa.com/ideologia/ideologia.htm
[30] Trevijano, Pedro, Relativismo e Ideología de Género, Voz de Papel, 2015, p. 78.

La heterosexualidad es un problema social grave, un problema que limita la vida de millones de seres humanos..., la heterosexualidad es un invento medicoburgués del siglo XIX. Y es que la heterosexualidad no es natural ni instintiva, ni tampoco genética. La heterosexualidad se aprende, cambia y se transforma.[31]

Sin duda que todo responde a un plan bien detallado para ir convirtiendo al individuo en un ser alienado y despojarle de sus rasgos naturales de identidad. Sí, es una auténtica colonización ideológica que desde el feminismo radical y el lobby gay pretende dar otra vuelta de tuerca a los ya maltrechos conceptos de heterosexualidad, género masculino y femenino, diluyendo más su identidad en una fusión donde todo es relativo y cambiante.

Esta es la doctrina que ya se está imponiendo en el ideario político de muchos partidos y por tanto de muchos gobiernos. El parlamento europeo aprobó el 9 de Septiembre de 2015 la enseñanza de la ideología de género en las escuelas de todos los países de Europa. Desde Estados Unidos se está extendiendo por toda América Latina, por considerar que las legislaciones de sus países son todavía muy conservadoras y aferradas a la tradición. El virus anda suelto y en libre circulación[32], solo es cuestión de tiempo y debemos estar preparados. Querido lector, sospecho que puedes estar un poco perdido, quizás indignado, seguramente un poco asustado,... no te preocupes, ¡yo también!

---

[31] Guash, Oscar, "La Crisis de la heterosexualidad", Laertes Editorial SL, 2007, p. 5.

[32] La terminología LGBT está lejos de terminarse. Cada vez son más los conceptos, como litromántico, pansexual, graysexual, alosexual, etc., que se unen a este gran despropósito que permite poner nombre a lo que sienten las personas en su "fluir" sexual.

Comprensión:

Conociendo las raíces históricas de la crisis de la masculinidad

Origen y desarrollo de la crisis de la masculinidad

Como ya he mencionado al principio, y dada la importancia de conocer las causas sociales antropológicas y teológicas que han llevado al hombre a diluir su identidad y favorecer la confusión de género y la homosexualidad, no queremos simplemente recomendar la lectura del libro *Tu Identidad Sí Importa*, (¡muchos podrían caer en la tentación de no leerlo!) sino que vemos la necesidad de resumir y a veces ampliar apartados importantes que forman parte del mismo, para así comprender el proceso de desorientación en el mundo masculino, y como esto ha favorecido la irrupción en el escenario social, de la cultura gay y su popularización a través de la ideología de género. Esta es la historia sobre como el papel del hombre se difumina y en sus roles de esposo y padre, comienza a extenderse el germen hacia el virus de la homosexualidad. Por eso algunos dicen que la vacuna contra la homosexualidad, se llama papá...

Si analizamos a vista de pájaro la historia sobre el tema de la crisis de la masculinidad, encontramos la concatenación de una serie de hechos que, desde el inicio de Génesis, se han ido desarrollando como otro de los virus ya mencionados, y que a día de hoy podríamos catalogar de auténtica epidemia. A partir de ahora y después de haber repasado los postulados de la ideología de género, vamos a identificar y analizar los hechos y movimientos históricos que desde otros aspectos, persiguen el mismo fin: anular el papel del hombre, confundir su identidad y pervertir su condición heterosexual, destruyendo así la familia como célula básica de la sociedad.

Comenzamos analizando lo que ya en el contexto de Génesis sería el primer golpe de espada que inocula el veneno de la pasividad en el hombre, para ir recorriendo los distintos movimientos y corrientes culturales, que a lo largo de la historia han ido debilitando el rol del varón, hasta llegar a nuestros días. Todo lo que vamos a ver forma parte del proceso histórico que ha contribuido a menoscabar la identidad del hombre y por tanto a favorecer el camino hacia la homosexualidad.

Punto de partida: Génesis y el silencio de Adán

Nos situamos en el contexto de la creación, concretamente en Gn.3 y a las puertas del pecado. El escenario es el jardín del Edén y los actores principales Satanás, Eva y Adán. ¿Dónde estaba Adán cuando Eva tomó del fruto prohibido? ¿Quién pecó primero? Bueno, reconocemos que son preguntas muy abiertas y quizás deterministas, pero tradicionalmente siempre se ha entendido que es la mujer quien cede primero a la tentación al tomar la iniciativa de comer del fruto prohibido. Sin embargo, no debemos perder de vista que la advertencia de no tomar del fruto prohibido le es hecha a Adán en Gn.2:16-17, cuando ni siquiera la mujer había sido aún creada, cargando así sobre el hombre la primera responsabilidad de advertir a la mujer que no comiera de dicho fruto. La Biblia de las Américas dice explícitamente en Gn.3:6 que la mujer *tomó del fruto y comió; y dio también a su marido que estaba con ella, y él comió*, por tanto Adán en lugar de asumir su responsabilidad opta por no implicarse, accediendo además a comer con ella.

Quién sabe, si en realidad quizás la mujer fue un instrumento en manos de la serpiente para anular al hombre y su papel de cabeza. Larry Crabb en su libro "El silencio de Adán" desarrolla la teoría de que ese germen de falta de implicación y asunción de responsabilidades por parte de Adán, ha pasado al corazón de todo hombre que desde entonces lucha con una tendencia natural al silencio, al aislamiento y a no implicarse lo suficiente en su matrimonio y familia. La mujer fue engañada, el hombre fue neutralizado, y en el seno de la primera familia de la historia se rompe el ideal divino, y aparece el pecado. Poco a poco, el virus de la pasividad se extiende entre los hombres, muchos de ellos hundidos en una progresiva falta de fuerza vital, en un ambiente de soledad, aislamiento y egoísmo. Esta mezcla de apatía y escapismo inmaduro da lugar a un profundo malestar psíquico que se sintomatiza en sus extremos, con situaciones de estrés, depresiones, ira, frustración y violencia. Aquí se abre la primera grieta de los factores sociales y culturales que fueron favoreciendo por extensión, la ideología de género y sus doctrinas. ¿Qué otras causas siguieron fortaleciendo la crisis de la masculinidad?

Ausencia de estructuras de autoridad normativas

Una de las consecuencias de Génesis 3, provocó la necesidad de crear estructuras de autoridad. Necesidad generada por la falta de responsabilidad, que entre otras cosas, causó el pecado. Cuando el hombre y la mujer toman del fruto prohibido, la relación consigo mismos, con Dios y entre ellos, se rompe y desvirtúa con la entrada de los frutos del pecado: muerte, miedo y dolor[33]. Cuando Dios le pide cuentas a Adán sobre si ha comido del fruto prohibido, este acusa a Eva y ella acusa a la serpiente. La psicología del pecado está presente y ninguno quiere asumir su parte de culpa y responsabilidad.

Desde entonces se han hecho necesarias las estructuras de autoridad que nos ayudan a asumir nuestros deberes y nos colocan en una sana jerarquización que nos hace a todos iguales frente a Dios pero con distintas responsabilidades. Las estructuras de autoridad se dan en todos los ámbitos de la vida y sirven para regular las relaciones y organizar las sociedades dentro de un orden. En las carreteras existen estructuras de autoridad que son los policías a los que tenemos que saber sujetarnos y obedecer, para que el tráfico funcione. En los pueblos existen estructuras de autoridad que son los ayuntamientos, necesarios para regular, advertir, ayudar, sancionar y proteger, la vida de los ciudadanos. Y en las familias deben existir unas estructuras de autoridad formadas por los esposos, que se deben respeto y apoyo mutuo cada uno en sus distintos roles, y también formadas por la pareja misma en su papel de padres hacia sus hijos. Estar "bajo autoridad" y obedecer, unido a estar "en responsabilidad" y dirigir, son los polos opuestos pero complementarios, que cimentan la estructura de una personalidad estable y de relaciones saludables.

---

[33] Ya Dios había advertido a Adán que el día que comiera del fruto prohibido, moriría (Gn.2:17). Ro.6:23 declara que la paga del pecado es la muerte, en Gn.3:10 y justo después de pecar, Adán experimenta por primera vez el miedo y la vergüenza frente a Dios. Más adelante en los v.16 y 17 Dios declara que la mujer dará a luz a los hijos con dolor y que el hombre trabajará la tierra con dolor.

Hace apenas 30 años en la mayoría de los pueblos y barrios de las ciudades, existían al menos 3 estructuras de autoridad que nadie cuestionaba y que cumplían su función: el hogar, la escuela y la iglesia. En el hogar desde luego no se cuestionaba la autoridad de los padres, simplemente se asumía y se obedecía. En la escuela, el maestro era "Don Pedro o Dña. Rosa" y nadie ponía en duda su posición de liderazgo ni le faltaba al respeto. En la iglesia lo que decía el sacerdote[34] y nunca mejor dicho, aplicando la frase tan popular, "iba a misa". Bien es cierto, que en muchos casos era una autoridad mal ejercida bajo la ley de "aquí se hace lo que yo digo y punto" y que sobre esa premisa se han cometido verdaderas atrocidades[35], pero eso no invalida el ejercicio legítimo de una autoridad equilibrada.

De forma que partiendo de estos dos aspectos estructurales que se dan en Génesis, la pasividad del hombre y la ausencia de estructuras de autoridad, el rol del hombre irá diluyéndose en la corriente de los movimientos culturales y distintos acontecimientos históricos, como ahora veremos.

La estructura familiar desde la cultura preindustrial hasta la Revolución Industrial

En la familia tradicional dentro de la cultura judía, era la madre la que educaba al niño hasta los 6 ó 7 años de edad cuando pasaba a la tutela del padre del que aprendía el oficio familiar (el propio Jesús aprendió de su padre el oficio de carpintero). Los niños pasaban mucho tiempo con sus padres. En muchos casos el ir a trabajar era simplemente cambiar de

---

[34] En la España de hace 30 años la religión mayoritaria por imposición del estado era la católica.

[35] La ética castrense que el dictador Francisco Franco normalizó a nivel social y familiar, tenía como eje central un principio de autoritarismo e intolerancia, que sigue causando dolor medio siglo después de aquella oscura etapa de España.

habitación en la propia casa, para trabajar en el oficio familiar (herrero, platero, carpintero, zapatero, curtidor etc.), o bien en las labores de agricultura de subsistencia, vinculadas al clan familiar. Por generaciones así fue como vivían las familias. A pesar de la pobreza y las carencias, había cierta estabilidad en el plano psicológico, no había crisis de identidad, los jóvenes crecían con un modelo familiar donde estaban claras las responsabilidades y roles de cada miembro[36].

Esa sólida estructura familiar que había permanecido por generaciones dando sentido de continuidad a las familias, se rompe con la llegada de la Revolución Industrial en el siglo XVIII. La Revolución Industrial cambia el patrón familiar de manufactura artesanal, por las fábricas especializadas y la producción en serie. Comienzan las grandes factorías y la necesidad de trabajadores que empiezan a ausentarse de sus hogares cada vez más tiempo. Como en las ciudades había mucha mano de obra y estaban las grandes estaciones de ferrocarril para el transporte terrestre, o los puertos para el transporte marítimo, las fábricas empiezan a asentarse en los extrarradios creando a su alrededor las grandes barriadas o cinturones industriales: más producción, más demanda, más tiempo fuera de casa, ausencia del papel paterno... El hombre comenzó a estar más ausente que presente.

En pocos años el hombre pasó a ocupar y dominar el mundo exterior como productor y proveedor, mientras que la mujer limitó su acción al mundo interior de los suyos como reproductora y cuidadora del hogar. Doscientos años después comenzarían palabras como: crisis de identidad, desestructuración familiar, estrés, etc. Al respecto Robert Bly apunta:

---

[36] Los problemas a enfrentar eran más de supervivencia, enfermedades, falta de medios y pobreza.

El padre como fuerza viviente en el hogar, desapareció cuando las exigencias de la industria le obligaron a emigrar a los centros de producción.[37]

En esas circunstancias laborales el trabajo ya no tiene, en la mayoría de los casos, el elemento creativo de la labor artesanal. El hombre pasa simplemente a engrosar la cadena de producción en una cadencia monótona y mecánica. El hombre se queda vacío y en muchos casos frustrado, y cuando regresa al hogar, sus hijos y su esposa reciben *su temperamento* pero no *sus enseñanzas*. No hay nada que enseñar, la fuerza creativa se ha extinguido aplastada por máquinas. El "hombre artesano" comenzó a ser sustituido por el "hombre robot", que no aporta genio, solo repite y reproduce sin añadir nada, no es generativo, solo mecánico y autómata. Tristemente para muchas generaciones de hombres, la Revolución Industrial supuso una involución personal.

Desde entonces la identidad masculina sufre un duro golpe, pues si hasta ese momento la identidad del hombre, su rol principal, estaba en el hogar (el trabajo artesanal en el hogar con la manufactura familiar donde el padre enseñaba a su hijo no solo el oficio, sino los valores de vida y la ética del trabajo), a partir de la Revolución Industrial, la identidad o el rol principal del hombre pasa a ser o a medirse en términos de vinculación laboral y productividad. Ya lo hemos mencionado y lo repetimos por su importancia, el modelo acuñado es el del hombre que domina el espacio público, exterior, mientras que la mujer se limita al espacio privado del hogar y la crianza de los hijos. El problema es que en realidad fue el espacio público en el terreno laboral, quien dominó y subyugó al hombre, copando la mayor parte de su tiempo y energías.

---

[37] Bly, Rober, "Iron John, "Una nueva visión de la Masculinidad", GAIA EDICIONES, Madrid, 1998, p. 101.

Pasamos a otros factores que siguieron abriendo la brecha en la crisis de la masculinidad: las guerras mundiales y las dictaduras del siglo XX.

Las guerras mundiales. Los conflictos bélicos y las guerras civiles y aún mundiales que siguieron a la Revolución Industrial del siglo XVIII, continuaron marcando la distancia del hombre con respecto a su hogar y familia. Si la Revolución Industrial trajo distanciamiento físico por ausencia del hogar, las guerras mundiales y civiles trajeron distanciamiento emocional por ausencia de expresividad interior. Vamos a explicar esto. Millones de hombres que acudieron a las grandes confrontaciones mundiales, al encontrarse en el frente de batalla tuvieron que desconectar sus sentimientos y cerrar su plano emocional, como un mecanismo psicológico de defensa para poder soportar los horrores de la guerra y el impacto de tener que matar a otros seres humanos[38].

El problema es que cuando esos hombres (los que no fueron masacrados) volvieron del frente de batalla a sus hogares, siguieron desconectados emocionalmente. Muchos, aparte de graves secuelas psicológicas, fueron incapaces de expresar sus emociones y sentimientos, replegándose a su mundo interior, y reforzando todavía más la ausencia del plano afectivo, tan necesario para sus esposas e hijos. Al mismo tiempo, si por un lado la Revolución Industrial y su sistema competitivo de producción alentaron que el hombre viera en su compañero de trabajo un competidor al que superar, las grandes confrontaciones mundiales provocaron que el hombre viera a su semejante como un enemigo al que combatir. La rivalidad trajo desconfianza. Entonces el hombre se cerró cada vez más en su mundo interior. Se defendió, se alejó, se distanció. El hombre

---

[38] Aparte de que también millones de hombres murieron en esas confrontaciones mundiales, dejando generaciones de viudas y huérfanos que crecieron sin esposo ni padre.

debía ser duro, inflexible, agresivo y desconfiado, preparado para poder sobrevivir en el hostil mundo exterior, pero inhabilitado para hacerlo en su propia parcela del hogar y la familia. **Los estados totalitarios del siglo XX.** El franquismo y su nacional catolicismo en España, al igual que cualquier dictadura militar en Latinoamérica u otra parte del mundo, acuñaron un concepto de hombría basado en la ética castrense y militar: "El hombre no se queja, los hombres no lloran". "Estamos preparados para aguantar y sufrir". Ese concepto tan militar de hombre duro, se traspasó a la vida civil y favoreció que varias generaciones de hombres llegaran a creer que necesitar a alguien, que mostrar algún tipo de carencia o necesidad, era un signo de cobardía y una muestra de debilidad, y entonces elegían el silencio y la represión de sentimientos.

En el servicio militar, obligatorio en muchos países hasta hace no tanto tiempo, se siguió reforzando el modelo hegemónico tradicional de hombría. Si a esto sumamos que en los hombres se siguió remarcando la faceta de competencia y rivalidad en lo laboral, vemos que el espíritu competitivo y de desconfianza se marcaba en todos los frentes masculinos. Todos estos aspectos, unido a todo lo visto hasta ahora, dieron como resultado que varias generaciones de hombres cumpliesen las siguientes características propias de un modelo machista:

- El poder, la agresividad, la competencia, y el control, son esenciales como pruebas de masculinidad.
- La fragilidad, los sentimientos y las emociones en el hombre, son signos de debilidad femenina y deben evitarse.
- El autocontrol, el dominio sobre los otros y sobre el medio, son esenciales para que el hombre se sienta seguro y capaz.
- El pensamiento racional, lógico y resolutivo del hombre, es la forma superior de inteligencia para enfocar cualquier problema.

- La sexualidad es el principal medio para probar la masculinidad, la sensibilidad y la ternura son consideradas femeninas y deben ser evitadas. El sexo implica la dominación del macho.

- El éxito en el trabajo y la profesión son indicadores de la masculinidad y garantes de una identidad adecuada.

- La autoestima se apoya primariamente en los logros y éxitos obtenidos en la vida laboral y económica. El hombre continuamente debe demostrar que es capaz.

Estas fueron las formas "tradicionales" del machismo heredado, que empezaron a resquebrajarse con la llegada de la posmodernidad allá por los años 80. Hoy en día el modelo de hombre metrosexual, heterogay y andrógino, desde el nuevo concepto de género fluido, navega en las aguas opuestas de la modernidad líquida y comparte las características contrarias, propias de la ideología de género. Ni un extremo, ni otro.

De los movimientos contraculturales al feminismo radical

La era moderna, industrializada, competitiva y cada vez más despersonalizada, unido al capitalismo feroz, al aumento del proletariado y la lucha de clases sociales, provocó que amplios sectores de una juventud idealista, muy desencantada del "statu quo" y de una sociedad hipócrita y aburguesada, comenzaran su propia revolución. Surge en Estados Unidos el movimiento hippie, en Europa el mayo del 68 francés, la revolución sexual, el estilo de vida naturista pacifista y nudista, la vida en comunas y las filosofías orientales.

La familia y el matrimonio, mayoritariamente eclesiástico, se asoció al concepto de burguesía acomodada y religiosa, mantenedora de una hegemonía patriarcal y opresora, a la que había que denunciar y superar. De esta forma todos los movimientos contraculturales mencionados, unidos a la lucha del proletariado, iban asociados a ideologías marxistas, liberales y anarquistas, que veían en la familia mal llamada "tradicional", el reducto de una sociedad hipócrita, victoriana y rancia que había que combatir y superar. Hay que reconocer que todos ellos, en principio aportaron frescura y aires de libertad, pues partían de reivindicaciones legítimas de base. Había mucho que denunciar en derechos humanos, libertades esenciales, regímenes dictatoriales, guerras sin sentido, capitalismo feroz y doble moral religiosa. Sin embargo muchos de esos movimientos radicalizaron y politizaron sus reivindicaciones. Entre otros muchos aspectos, esto provocó la desintegración de todos los elementos normativos de la familia natural y bíblica, que ciertamente se asociaba a una institución mantenedora de un status que se quería superar.

Es decir, los frutos envenenados de todos esos movimientos, en principio con reivindicaciones legítimas que luego se pervirtieron, fueron los siguientes:

- El machismo histórico se sustituye por las reivindicaciones del feminismo radical.
- La revolución sexual de la píldora y la moral desinhibida.
- La normalización del divorcio como una conquista social.
- El aborto como derecho fundamental y personal.
- El matrimonio como una unión libre no sujeta a cláusulas legales.
- El movimiento gay sale del armario y comienza su reivindicación.

En cuanto al movimiento feminista, surge en los años 80 con la revolución sexual y la emancipación de la mujer. Empezó, como el resto de movimientos, siendo algo positivo y con reivindicaciones legítimas, que buscaba liberar a la mujer de una opresión histórica. Es cierto que históricamente el papel de la mujer ha estado siempre supeditado a la voluntad arbitraria del hombre, y sus derechos sociales claramente recortados. Aun bajo la tradición judeocristiana y debido a una lectura legalista y manipulada del texto bíblico, la mujer ha sido menospreciada en su dignidad como ser humano y su valía como persona[39], lo que ha contribuido a la mayor radicalización de los colectivos feministas. La ira por haber permanecido oprimidas por siglos, degeneró en un enfrentamiento con el género masculino y una lucha por imponerse como el nuevo sexo fuerte, promoviendo la rivalidad de género y considerando al hombre como un oponente a superar.

Estos cambios favorecieron el que la mujer rechazase determinados aspectos de sí misma, propios de su personalidad y naturaleza femenina, para desarrollar aspectos más acordes con los del hombre, en un intento de equipararse o parecerse a él, sin entender que la igualdad se refiere a trato y consideración, no a condición de género. Y desde luego, no a adoptar las mismas pautas erróneas, propias de un machismo histórico a superar, que no a imitar. Aquí comenzó a gestarse la cultura posmoderna que pronto daría a luz a la ideología de género y a la modernidad líquida.

Al mismo tiempo estas transformaciones sociales de base, provocaron que el papel del hombre se desdibujara considerablemente. Debía abandonar los rancios estereotipos de un modelo masculino machista y obsoleto, para apoyar las justas reivindicaciones de la mujer que luchaba por reubicarse en el nuevo escenario social. Todo ello en medio de la confusión y desorientación de no tener claro cuáles son sus nuevos paradigmas. Era evidente que debía "salir" pero, ¿hacia dónde?

---

[39] La desafortunada oración de un judío ortodoxo era la siguiente: *Señor te doy gracias porque no me has hecho perro, ni gentil, ni mujer.*

A lo largo de este punto sobre el origen y desarrollo de la crisis masculina, hemos observado como desde la pasividad de Adán, que relegó al hombre de su principal papel de cabeza a una búsqueda solitaria de su identidad "fuera del hogar", pasando por la pérdida de las estructuras de autoridad, por la pérdida de su papel de esposo y padre debido a la absorción laboral desde la Revolución Industrial, por la pérdida de generaciones de hombres, bien por su muerte en el frente de batalla o por su mayor aislamiento emocional al regresar de las grandes confrontaciones mundiales, el género masculino llegó al s. XX de los hippies, la revolución sexual, el feminismo y las políticas castrenses, arrastrando su particular crisis de identidad. Desde entonces los hombres han tratado de recuperar su autoridad desde postulados equivocados, evidenciando una auténtica desorientación en su identidad y una ausencia de roles sanos y normativos de una masculinidad equilibrada. De esta desorientación y confusión de identidad y propósito, se ha nutrido el mundo de la cultura gay y los ideólogos de las modernas doctrinas nihilistas.

Los ritos de iniciación a la masculinidad

Hay un aspecto cultural extremadamente relevante para entender la fragilidad en el mundo de la identidad masculina, se trata de la ausencia de los procesos naturales de iniciación a la masculinidad que se dan en culturas ancestrales y que en Occidente se han perdido, constituyéndose en otro de los múltiples factores que ha dado oxígeno a la ideología de género.

Tenemos que empezar por definir lo que es cultura. Se trata de aquel conjunto de elementos que determinan el modo de vida de una comunidad, compuesta de lenguaje, pautas, sistemas sociales, económicos, políticos y religiosos. Entendiendo por pautas sociales aspectos como la moral, las costumbres, creencias y toda la suerte de hábitos de los que el ser humano se apropia, como miembro de una sociedad. Por tanto todos los seres humanos establecidos en un núcleo social, del que comparten educación, valores, tradiciones y creencias, poseen una cultura. Ahora bien, nos interesa investigar el papel del hombre dentro de las distintas culturas tribales del escenario mundial, sobre todo la de aquellos pueblos indígenas que aún conviven de forma natural en su medio y no han sido contaminados ni adulterados en su ancestral forma de vida y costumbres.

Al estudiar estas culturas podremos evaluar su proceso de homo-socialización y reunir las características comunes de esas distintas tribus y etnias, por las que el desarrollo social del hombre se da. Sociólogos y antropólogos coinciden en aislar las siguientes pautas de comportamiento, en cuanto a lo que implica el proceso de homo-socialización por el que se llega al concepto de lo que es ser un hombre en estas culturas ancestrales. Sus características afines en el camino a la masculinidad, incluyen:

- Rituales de iniciación en las distintas etapas de crecimiento.
- Figuras de autoridad jerarquizadas a las que someterse y de las que recibir sabiduría.
- Códigos de honor y lealtad por los que conducirse como hombres de integridad.
- Ceremonias y rituales religiosos para solemnizar actos y conectarse con lo trascendente.

Los rituales de iniciación son pruebas de transición hacia la madurez que cierran la puerta a una etapa superada y abren otra puerta a un horizonte nuevo por conquistar. Son los escalones naturales que canalizan y determinan la transición de niño a hombre, permitiéndole asumir plenamente su identidad masculina, y estableciendo una comunión satisfactoria y armónica entre sí mismo, la comunidad que le recibe y la naturaleza que le rodea. Este proceso transformador se sucede desde la comunidad y consiste en pruebas de supervivencia, valor, resistencia al dolor, etc. El reto de cazar un animal, pasar la noche en la espesura de la selva, o competir con otro joven, se hace desde la comunidad que observa las instrucciones que se da al iniciado, y lo envía a la prueba.

Posteriormente y después de cumplido y superado el proceso ritual, es la misma comunidad la que da la bienvenida, ya no al joven sino al hombre, en una forma que le da valor al iniciado reconociéndole su nuevo status. El mensaje implícito es que el niño ha muerto y ha nacido el hombre. Ahora hay nuevas responsabilidades y un nuevo nivel de madurez que asumir. Así, tras la superación de estas pruebas iniciáticas, los jóvenes van construyendo la verdadera hombría, la auténtica masculinidad. Al respecto Nicolosi afirma:

Las culturas primitivas suelen mostrar una intuición hacia la ayuda que necesitan los niños para motivarles a crecer en su identidad masculina, estas culturas no permiten que sus jóvenes crezcan sin que atraviesen un elaborado conjunto de ritos de iniciación varoniles, para ello se entiende que convertirse en un hombre requiere lucha.[40]

Figuras de autoridad jerarquizadas. En cuanto a las figuras de autoridad y las jerarquías debemos decir que todo niño las necesita para crecer con referentes y sentido de respeto y sujeción. En primer lugar esa figura de autoridad comienza siendo su madre en la seguridad del hogar. Luego, en el caso de los varones, se ocupará el padre quien tiene la responsabilidad de conectarlo con el mundo exterior, y posteriormente será la comunidad, la tribu, en este caso en los aspectos de autoridad y mentorado, quien a través de los jefes tribales y de los ancianos sabios, irá instruyendo al joven y equipándole para la vida. Es

---

[40] Nicolosi, Joseph "Como prevenir la homosexualidad", Edu.Com, Madrid, 2009, p. 50.

una auténtica escuela de enseñanza donde los progenitores y la propia comunidad conforman unos límites y reglas, establecidos como criterios normativos para todos. Esto provee seguridad, identidad y sentido de pertenencia.

Códigos de honor y lealtad. Quién no recuerda las viejas películas de vaqueros e indios, donde estos últimos desde la intimidad de sus poblados en las sabanas del oeste americano, compartían y transmitían a los iniciados al calor de una fogata y al abrigo de la noche, sus experiencias de vida, sus tradiciones y costumbres, sus códigos de conducta y su sentido del honor y la lealtad. Aquí no hay conocimiento ni filosofías huecas, hay principios universales de sabiduría ancestral, transmitidos desde la propia experiencia. Esa es la mejor de las universidades donde nuestros hijos pueden aprender lo que significa ser un hombre. La película de Kevin Costner, *Bailando con Lobos*, ganadora de 7 Oscars en 1990, supone un verdadero anti-mito con las clásicas películas del oeste americano. Aquí los papeles se invierten y los indios son los buenos en oposición a los blancos salvajes. La película refleja muy acertadamente la nobleza de una tribu de indios en estado puro, donde la lealtad, la amistad, el honor y el respeto al entorno, son sus valores principales.

Finalmente la última de las características comunes de estas culturas en su proceso de homosocialización es lo siguiente:

Las ceremonias y los rituales religiosos. Los ritos religiosos hacen experimentar al iniciado su origen sagrado, su conexión con lo cósmico[41] y divino, aportando la energía necesaria para la siguiente etapa de la vida, como si de eslabones en la cadena de

---

[41] Cosmos en griego es "orden", por tanto lo cósmico nos conecta con Dios en el ámbito del orden de la creación dándonos un sentido de trascendencia sobrenatural. No hay nada esotérico o de Nueva Era en esto.

la madurez y el crecimiento se tratara. En mi libro titulado *El Culto Cristiano* hago mención de esto:

Hay en la especie humana una sed y hambre espiritual, que únicamente Dios puede satisfacer, pues el hombre, solo por el hecho de serlo, posee un deseo y anhelo de entregarse a algo más grande que él.

En el corazón de todo ser humano hay inherente una expresión religiosa natural, donde hay tribus, comunidades o colectivos humanos de cualquier tipo, allí hay religiones y cultos para suplir cualquier necesidad. El hombre que no conoce al Dios verdadero y creador, lo sustituye deificando cualquier elemento de la creación; hablamos por tanto, de un instinto religioso común a la condición humana, pues como decía San Agustín: "El hombre es incurablemente religioso".[42]

Esa necesidad de llenar un vacío interior, ese anhelo de trascendencia, que es legítimo en su planteamiento de base, ha sido utilizado por el enemigo para engañar el corazón del hombre. Por eso la historia de la humanidad y su desarrollo nacen ligados al fenómeno de las religiones paganas y animistas. El hecho misterioso de la muerte, lo trascendente, crea un terreno común que promueve todo tipo de rituales mágicos, encantamientos, hechizos, trances, etc. Es el mundo de lo oculto, pues la magia y las religiones, en toda cultura extra-bíblica, se constituyeron en las vías tradicionales de acceso al mundo de lo sobrenatural.

Es importante mencionar que casi todo lo dicho en este apartado, era contemplado desde el plano puramente cultural y antropológico. Mitos, tradiciones, filosofías, leyendas, relatos mito-poéticos, etc., vistos desde el plano espiritual, son equivocados y peligrosos[43] intentos de emular el verdadero relato y la verdadera leyenda hecha realidad: el relato bíblico que revela

---

[42] Varela, Juan, "El Culto Cristiano", CLIE, Barcelona, 2002, p.17.
[43] Entendemos que en muchas culturas ancestrales ese anhelo natural y legítimo de trascendencia es aprovechado por el propio Satanás para promover rituales de ocultismo y brujería.

el auténtico origen y significado de todo lo creado. La Biblia no es un relato histórico sino prehistórico, no pretende explicar cómo se creó el mundo sino para qué se creó, no es un mito sino un anti-mito que desmitifica los relatos politeístas de la creación en toda cultura extrabíblica. De forma que lo "oculto" es decir lo velado, se opone al "culto" es decir lo revelado.

Aun en el desarrollo de las civilizaciones apartadas de Dios pero viviendo en su creación, la revelación natural ha marcado sus pautas divinas. A pesar de toda la confusión y mezcla de filosofías y religiones paganas, la imagen y semejanza con la que el ser humano fue creado, (imagen distorsionada pero no rota) unido a la revelación natural[44], siguen estando presentes. Cuando la cultura vive ligada al medio natural, que es el caso de las tribus y comunidades indígenas, todo ello, permite que se conserven pautas de homosocialización que pertenecen al orden natural y por lo tanto al orden de la creación y por lo tanto, al diseño divino y "sobrenatural". El problema es que en nuestra sociedad desnaturalizada hemos perdido esos mecanismos y pautas naturales, y al perderlos hemos roto los límites permitiendo que poco a pocolas aguas podridas de la modernidad líquida invadan nuestra esencia vital.

Pérdida de los procesos de homosocialización en la cultura Occidental

Este modelo de transición de niño a adulto se pierde en la cultura actual como consecuencia de todo un proceso de abandono de esos escalones naturales y espirituales de maduración e integración en las etapas de crecimiento. Lo que resulta, y

---

[44] Ro.1:20 Porque las cosas invisibles de él, su eterno poder y deidad, se hacen claramente visibles desde la creación del mundo, siendo entendidas por medio de las cosas hechas, de modo que no tienen excusa.

seguimos enfatizando, es un modelo de hombre que en vez de crecer, y al haber sido privado de los resortes de maduración propios de los ritos iniciáticos de transición, se ha quedado en una adolescencia perpetua y en vez de *brújula* que marca un camino claro a seguir, corre el riesgo de ser *veleta* llevado por cualquier viento de moda cultural, como por ejemplo la modernidad líquida, la ideología de género y el estilo de vida gay.

Muchos varones hoy luchan por crecer, madurar y llegar a alcanzar una respetable condición de hombres, pero nunca están seguros de cuándo cruzaron el puente dejando atrás el niño que fueron y convirtiéndose en hombres. Esto es debido a que el umbral se ha difuminado creando inseguridad al no existir un camino delimitado a seguir.

> *La crisis de la masculinidad madura se cierne sobre nosotros. La falta de modelos adecuados, de hombres maduros, y la carencia de cohesión social y de estructuras institucionales para actualizar el proceso ritual, provocan una solución individual "cada hombre por sí solo".*[45]

En el opulento mundo occidental y "civilizado" en el que vivimos, tendríamos mucho que aprender de todos estos procesos que van definiendo la identidad esencial de un hombre. El problema cuando la hombría está conectada a características definidas por una cultura en continuo proceso de transformación y, por lo tanto características líquidas y pasajeras, es que el más mínimo cambio en las costumbres y roles adscritos, origina cuando menos una gran desorientación, sino una profunda crisis de identidad. La sociedad no ha entendido que los procesos naturales como el sacrificio, las etapas de transición, los valores éticos, los conceptos de autoridad, sujeción y las

---

[45] Moore, Robert, "La Nueva Masculinidad", PAIDOS, Buenos Aires, 1993, p. 27.

normas, son los ingredientes necesarios para forjar hombres y mujeres maduros, regidos por convicciones y creencias firmes. Los valores y el estilo de vida del hombre de hoy, están definidos por la filosofía hedonista de esta sociedad líquida, cual veleta dirigida por las nuevas ideologías y la cultura del relativismo. Es nuestra triste realidad.

Al no existir códigos éticos ni modelos de autoridad normativos, ni referentes en casi nada, lo que existe es una "tierra de nadie", marcada además por una falta de valores donde se priva al joven de los amortiguadores emocionales y de los procesos necesarios de maduración. Hemos roto la baraja de una ética normativa a nivel social que uniforme la visión sobre lo que implica ser hombre. Como mencionan Brett y Kate McKay, *La sociedad se ha vuelto tan estereotipada y fragmentada, que ya no hay ritos de paso reconocibles por la "tribu" entera.*[46]

Lo que nos hace falta hoy es interpretar para nuestro tiempo, lo que las culturas ancestrales han tenido siempre. De esos valores ancestrales solo quedan algunos vestigios que han perdido su sentido y fuerza, permaneciendo como costumbre cultural: la primera comunión en los países de tradición católica, la fiesta de las quinceañeras en la cultura Latinoamericana, la solemnización de actos como las bodas, graduaciones, etc. Por desgracia cuando el ritual pierde su sentido, se pervierte en algo "ritualista", es decir hueco y vacío aprovechado casi en su totalidad por la cultura consumista.

Como sociedad civilizada y a la hora de modelar hombres auténticos, hoy sufrimos las carencias que constituyen las fortalezas de otras culturas menos tecnificadas y avanzadas tecnológicamente, pero mucho más sabias y humanizadas.[47] Esas carencias son:

---

[46] Fuente: internet, http/:es.artofmanlines.com.
[47] Ellos lograron la homosocialización, nosotros la individuación...

- La falta de procesos rituales y códigos de honor normativos.
- La falta de ceremonias de paso[48] para solemnizar actos importantes.
- La falta de paternidad y hombres sabios, como modelos sociales y familiares de integridad.

Dicho vacío provocado por esas carencias se aumenta con la fusión de géneros que confunde y difumina lo que es ser hombre hoy día, la cultura líquida, el relativismo moral y el hedonismo como valores negativos a enfrentar.

---

[48] A no ser para solemnizar y transicionar por ceremonias de índole satánico o sectarismo pseudorreligioso, racial o político.

PARTE II
PREVENCIÓN: *situando y explicando*

Prevención:

Situando los factores de riesgo y defendiendo la heterosexualidad

"Es mejor prevenir que curar". Con este sabio refrán popular entramos en la segunda parte del libro donde abordaremos la pastoral preventiva, que pasa por un lado porque las iglesias provean aulas de formación e información sobre estos temas: Escuelas de padres y madres, talleres sobre la educación y los factores de riesgo a tener en cuenta para prevenir la homosexualidad, conferencias sobre el valor de la familia, etc. Y por otro lado es necesario que el liderazgo de nuestras iglesias esté formado para saber aconsejar y orientar, pues desde una labor de supervisión a las familias los jóvenes y los niños, y conociendo los factores de riesgo y las etapas en la consolidación de una identidad homosexual, es mucho más factible poder reorientar y reconducir posibles síntomas y carencias, que de otra forma y al pasar desapercibidas, podrían desembocar en la asunción de una homosexualidad o cuando menos en una AMS no deseada.

Usando la terminología adecuada

En sistémica se dice que lo que no tiene nombre no existe, y por tanto no lo podemos catalogar ni enfrentar. En el polo opuesto estaría el uso inadecuado de términos que podrían acabar etiquetando u otorgando supuestas condiciones o aun provocando juicios de valor, debido a la nomenclatura que usemos. Dado que en este apartado de prevención, entramos en una parte más "profesional", debemos ser escrupulosos en cuanto al uso de los términos, para no confundir ni diagnosticar a nadie con lo que no es, y al mismo tiempo para nombrar las cosas en su justa medida.

El término homosexual no puede ser utilizado a la ligera para etiquetar a personas que pueden padecer una confusión de género o tener atracción al mismo sexo, pero que no son homosexuales ni mucho menos gays[49]. A la condición de homosexual se llega después de un largo proceso que lleva muchos años y es el resultado de toda una serie de factores que enseguida veremos, y que hunden sus raíces en todo lo que hemos visto hasta ahora. La asunción de una identidad homosexual es un largo camino que viene precedido de muchas circunstancias emocionales, familiares, culturales y aún genéticas, que van desviando el curso natural de la heterosexualidad. Por ello hemos de entender, que desde la pastoral preventiva, hay una terminología previa que tenemos que aprender a utilizar para no atribuir la condición de homosexual a toda persona en la

---

[49] El estilo de vida gay es un término más sociopolítico y reivindicativo que presupone la aceptación y defensa de la condición homosexual y de la cultura LGTB.

que podamos observar algún rasgo o característica "sospechosa". Los términos adecuados a utilizar y que preceden a una identidad homosexual serían los siguientes:

- Confusión de Género (CG)
- Desviación de Género (DG)
- Trastorno de Identidad de Género (TIG)
- Atracción al Mismo Sexo (AMS)
- Prehomosexualidad

} **Todo empieza aquí**

Por esto hemos mencionado que no podemos asumir el hecho de que toda persona con AMS sea homosexual. Hay muchas personas que tienen o luchan con esa tendencia pero que no son gays. Tienen la inclinación pero no se identifican con ese estilo de vida ni lo aprueban. Es decir tienen una atracción no deseada al mismo sexo o un desorden de afecto hacia las personas del mismo sexo. Pero si la persona con confusión de género cede a la inclinación alimentando y reforzando la práctica de la homosexualidad, puede finalmente acabar asumiendo y defendiendo su identidad homosexual. En este caso los términos adecuados a utilizar serían los siguientes:

- Identidad homosexual
- Estilo de vida GAY
- Comunidad LGTB

} **Todo puede acabar aquí**

La corriente natural de la heterosexualidad

Para entender cómo opera la sexualidad y como puede llegarse a la homosexualidad, utilizaremos el siguiente ejemplo adaptado de William Consiglio. La sexualidad es como la corriente poderosa de un río que fluye de forma natural en todo ser humano y cuyas aguas discurren por el cauce bien trazado de la heterosexualidad. Si colocamos una piedra en esa corriente natural, la fuerza de la misma sobrepasa la piedra y continúa su camino. Si colocamos dos piedras aún la fuerza natural de la corriente rebasa las piedras y continúa su curso normal. Si colocamos otra piedra y aún otra, la corriente empezará a tener dificultades para superar lo que ya empieza a ser una barrera. Si seguimos colocando más piedras se formará un auténtico dique que la corriente no podrá superar teniendo que abrir otro cauce de expresión para que la corriente continúe fluyendo. El cauce natural ha sido desviado de la heterosexualidad a la homosexualidad. Las piedras constituyen los factores de riesgo que veremos en el apartado siguiente.

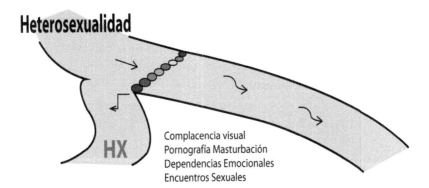

Heterosexualidad

HX

Complacencia visual
Pornografía Masturbación
Dependencias Emocionales
Encuentros Sexuales

Esta ilustración[50] nos da mucha esperanza. Cuando trabajamos con una persona con AMS que desea revertir su orientación sexual, una de las primeras cosas que debemos hacer es analizar su historia personal para identificar a lo largo de su vida los factores de riesgo antes mencionados, y que compararemos con las piedras del río que han ido desviando la corriente natural de su sexualidad. Cada factor de riesgo, cada piedra

---

[50] Adaptado de William Consiglio.

ha de ser analizada, trabajada y sanada en la vida de la persona. Es como si al identificar y sanar esas heridas, quitáramos las piedras de la corriente del río. ¿Sabes qué ocurre cuando comenzamos a quitar todas esas piedras? La corriente natural del río vuelve a su cauce original. Sigamos adelante.

Factores de riesgo que contribuyen a la atracción al mismo sexo

Al principio del libro hemos comentado que en el complicado proceso del desarrollo hacia la homosexualidad, intervienen una serie de factores que se confabulan desde la más tierna infancia y que al final de una larga transición, pueden conducir a una persona a acabar asumiendo una identidad homosexual. Cuando hablamos de la más tierna infancia, aún nos referimos al periodo prenatal, y esto debe hacernos conscientes de la profundidad y seriedad del problema que abordamos. En una amplia mayoría de casos las carencias comienzan con un vacío de género, normalmente masculino[51], y si se van cumpliendo todas las etapas, que ahora veremos, finaliza en un estilo de vida gay o en una tendencia indeseada, como acabamos de mencionar en el párrafo anterior.

Antes de abordar las etapas en la consolidación de una identidad homosexual, proponemos una serie de variables que pueden favorecer el camino hacia la conducta homosexual, muchas de ellas adaptadas de Richard Cohen, a quien consideramos autoridad en la materia, no solo por su preparación académica y por su condición de cristiano, sino también por el hecho de haber superado la homosexualidad en su propia vida. Reproducimos dichas variables en el siguiente esquema:

---

[51] Recordamos que únicamente estamos abordando la homosexualidad masculina.

- Herencia generacional
- Herencia intrauterina
- Herencia familia origen
- Herencia cultural
- Temperamento sensible
- Constitución física débil
- Erotización traumática
- Heridas heteroemocionales
- Heridas homoemocionales

Factores de riesgo que intervienen en la formación de una identidad homosexual

Hay aspectos más circunstanciales que podrían agravar dichas variables, como podrían ser divorcios, situación de madres solteras y sobreprotectoras, historial de adopción u orfandad, continuas mudanzas de hogar que no favorecen el arraigo, etc. En todos estos aspectos que mencionamos así como en el esquema propuesto, debemos enfatizar, y es algo que seguiremos haciendo para que quede claro, que en ningún caso estas variables potenciales por sí solas convierten a nadie en homosexual, pues como veremos más adelante es solo la coincidencia de muchas de ellas lo que puede acabar desarrollando una AMS.

Por ello todo lo que vamos a ver no es determinante, pero si condicionante. No justifica una posible conducta homosexual, solo la explica si llega a darse dentro de un largo proceso, convirtiendo en víctima a quien cae en esas circunstancias encadenadas o factores de riesgo. La buena noticia es que somos producto del pasado, pero no prisioneros. A continuación pasamos a explicar cada uno de esos factores de riesgo.

Herencia generacional. Se trata de la *transmisión multigeneracional de asuntos familiares sin resolver*. Murray Bowen quien acuñó el concepto que acabamos de mencionar, decía que las familias se repiten a sí mismas. Lo que ocurre en una generación en muchas ocasiones tiende a repetirse en la siguiente, es decir, las mismas pautas relacionales, los mismos asuntos sin resolver, tienden a aparecer de generación en generación adaptándose a cada persona en el proceso. Es como si el sistema familiar programara a sus miembros con la misma configuración emocional. La Biblia habla de los pecados generacionales que se traspasan de padres a hijos.[52]

La teoría de Bowen implica un mecanismo interno de regulación que va condicionando las pautas de comportamiento a lo largo de la vida. Lo aprendido en la niñez, el tipo de familia, lo que el niño haya adquirido, es con lo que llega a la adultez o al matrimonio, mezclándose con el aprendizaje de su pareja, adaptándose y formando un nuevo estilo de comportamiento que, a su vez, transmitirá a sus hijos y estos a los suyos, en su propia adaptación generacional:

El grado de vinculación con los padres viene determinado por el grado de vinculación emocional irresuelta que cada padre tenía en su propia familia de origen, el modo de manejarlo los padres en su matrimonio, el grado de ansiedad experimentada en los momentos críticos de la vida, y en la manera de hacer frente los padres a esta ansiedad. El niño que es 'programado' en la configuración emocional irresuelta, queda relativamente fija salvo que se produzcan cambios funcionales en los padres.[53]

La familia humana es un sistema natural, emocional, relacional, multigeneracional. Todo lo dicho tiene que ver con lo que algunos autores denominan "la estructura genética del linaje" pues nacemos con jirones de nuestros ancestros en nuestros genes. Aquí se produce una simbiosis entre la transmisión multigeneracional propia de la terapia familiar sistémica, los genes y los cromosomas sexuales, que son estructuras

---

[52] Ex. 34:6-7; Jer. 31:29; IP 1:18. 52
[53] Bowen, 1989; pág. 250. Citado por Jesus Vargas, "solucionando los problemas de pareja y familia". EditPax, México, 2007.

moleculares complejas que contienen información hereditaria transferible, propia de la neurociencia y la biología, y los errores o aún maldiciones generacionales que nos menciona la Palabra de Dios. Por tanto la transmisión multigeneracional de asuntos familiares sin resolver es un asunto complejo que toca aspectos de sistémica, neurociencia y aun del mundo espiritual.

Aquí lo estamos enfocando a las pautas generacionales recibidas en negativo, las que producen desgarrones generacionales, que en lo que nos ocupa, es decir los factores de riesgo que pueden favorecer la posibilidad de una conducta homosexual o un desorden de afecto hacia personas del mismo sexo, pueden ser prejuicios, enemistades sin resolver, abusos, odio, perversiones sexuales, o cualquier otra forma de relación o hecho más o menos traumático.

Herencia intrauterina. El psicólogo Thomas Verny en su libro titulado "La vida secreta del niño no nacido", donde desarrolla el interesante concepto de la psicología prenatal, afirma que el útero es el primer mundo para el niño. En el claustro materno el feto no solo recibe alimentos por el cordón umbilical, también todas las impresiones, depresiones y estados de ánimo en general de la madre, que se trasmiten via neuronal y el feto las recibe. Incluso como un eco amortiguado, el niño es capaz de escuchar las voces de su propia madre y aún las de aquellos de su entorno inmediato. Si tuviéramos el caso de un padre agresivo que desde el embarazo grita y maltrata a su esposa, el feto es capaz de recibir esa agresión por partida doble: los propios sentimientos negativos y temerosos de su propia madre vía hormonal, y la voz dura y agresiva de su propio padre en el "exterior".

Debido a todo ello puede ocurrir que cuando el niño nazca, venga de "origen" con una predisposición a no confiar en su padre y a asociar su voz con agresión y maltrato. Esto puede provocar que el niño empiece a desarrollar desidentificación con el mundo masculino y sobreidentificación con el mundo femenino. Aldoux Huxley decía que lo que somos, depende de tres factores: lo que hemos heredado, lo que el entorno hizo de nosotros y lo que nosotros decidimos hacer con nuestro entorno y herencia en nuestra libre elección. Si esos tres aspectos se coaligan en negativo en la línea de la desidentificación masculina, el plato del posible desorden de afecto al mismo sexo empieza a servirse.

Herencia de familia origen. Se trata de las impresiones y estilo de conducta recibidas en nuestro primer sistema y entorno relacional que es la familia de origen. Lo que hemos vivido en carencias afectivas, modelaje paterno y materno, claves de conducta aprendida, ambiente familiar en general, etc. Aquí hablamos del primer ambiente familiar sin implicar generaciones, ni necesariamente grandes problemas en familias disfuncionales[54]. En el hogar recibimos las primeras claves para interpretar la realidad. Lo que queremos resaltar es que la familia es el destino en el sentido de que es en su seno donde aprendemos las primeras pautas para relacionarnos, de tal manera que podemos afirmar que el hogar y por tanto la familia de origen, imprimen un sello imborrable para toda la vida. Sello que dependiendo de lo recibido, puede ser de bendición o de maldición.

Hay familias disfuncionales donde se dan conflictos parentales que se triangulizan utilizando a los hijos, o donde el padre poco afectivo o pasivo, crea un vacío de género en la vida de su hijo, o donde aún lo maltrata física o verbalmente, donde el hijo recibe una sobrealimentación de pautas femeninas, y aún otras muchas proyecciones en negativo. Finalmente todas estas situaciones acabarán normalizando en ese niño unas pautas que no siendo en absoluto normales ni sanas, terminarán

---

[54] Aunque en realidad no existe ni una sola familia "funcional" sobre esta tierra, todas sin excepción son disfuncionales...

constituyendo sus propios "conceptos de normalidad", ya que fue lo aprendido, lo modelado, lo vivido.

Herencia cultural. Nos referimos a la influencia del entorno y el ambiente social que "respiramos" a nivel de formas de pensamiento, valores, amistades, etc. No es lo mismo nacer en una cultura o en un país, como por ejemplo Holanda, donde la legislación sobre asuntos de sexualidad e ideología de género es de las más liberales del mundo, y por lo tanto se favorece la conducta permisiva en cualquier variante sexual, que nacer en Arabia Saudí donde la homosexualidad es castigada incluso con la pena de muerte, y donde para rizar el rizo en sus políticas intransigentes, miles de animales son sacrificados cada año, acusados de conducta homosexual. El sistema cultural afecta y condiciona nuestras creencias.

Temperamento sensible. Temperamento es la herencia genética con la cual nacemos y que puede predisponer a características poco relacionales. Luego el carácter es nuestro temperamento modificado por el ambiente, y finalmente la personalidad es la cara que proyectamos hacia los demás[55]. Un niño con temperamento sensible puede volverse introvertido y con personalidad melancólica. Tenderá a buscar la soledad al carecer de habilidades sociales de comunicación, y si es muy sensible y con una naturaleza artística, desarrollando características más propias del hemisferio derecho, quizás se sienta más cómodo con las niñas con las que puede compartir conversación y con las que tiene mayores puntos de interés.

Un niño con temperamento hipersensible tendrá más probabilidades de convertirse en víctima de las agresiones o burlas de sus compañeros, o aún de su propia familia, teniendo tendencia a aislarse y no enfrentar los problemas, lo que también contribuirá a desarrollar un carácter tímido y poco competente.

---

[55] Al final explicamos esto al hablar de la teoría de los 4 temperamentos.

Esto puede alejarle de los juegos más masculinos que requieren cierta agresividad y rudeza y recluirlo en su mundo o en el de las niñas, creando en él un sentimiento de inadecuación de género al no tener claro a qué bando pertenece.

Constitución física débil y/o torpe. Va en la línea de lo mencionado. Hablamos de niños delgados, poco atléticos y sin habilidades físicas de competencia, que al no participar en deportes y juegos considerados como varoniles, van siendo etiquetados por sus compañeros y aislados. O bien niños obesos y torpes que sufren la misma exclusión y etiquetación de sus pares. Dada la fuerza y el poder de la palabras en edades tempranas, lo que otros les puedan decir, puede afectarles llegando incluso a crear en ellos un complejo de por vida.

Las heridas relativas a la propia imagen son un factor altamente sensible para provocar baja autoestima y sentimientos de falta de aceptación del propio cuerpo y de inferioridad respecto a sus compañeros, pudiendo provocar además que lleguen a desear parecerse a otros chicos más fuertes y musculosos que tienen lo que a ellos les falta.

Abusos sexuales y erotización traumática. Aquí debemos destacar que un alto porcentaje de varones homosexuales sufrieron algún tipo de abuso sexual en algún periodo de la infancia o adolescencia. Se trata de experiencias puntuales donde la persona ha sido expuesta a algún tipo de abuso o violación sexual en sus distintos grados, y que condicionan y culpabilizan a la víctima en su percepción de una sana sexualidad. Muchos niños abusados sexualmente por personas mayores, sufren una seducción y un engaño de "acercamiento tierno"[56] por parte de sus agresores, que les confunde y atrae al mismo tiempo, pues en realidad hay niños que necesitan el abrazo del padre y el cariño afectivo que nunca les dio su progenitor.

---

[56] Que es una manipulación cruel y egoísta de su agresor.

Esto puede crear que en el futuro, y si desarrolla una conducta homosexual, posea una inclinación patológica a repetir actos sexuales con hombres mayores, en una búsqueda infructuosa del cariño paterno.

Heridas heteroemocionales. La mayoría de los especialistas coinciden en afirmar que un altísimo porcentaje de hombres homosexuales han tenido un vínculo excesivamente fusionado y dependiente de la madre. Esta, al ser mujer posee un tanque emocional más grande que el hombre y por lo tanto su necesidad de cariño y afecto quizás no suplida en la relación con su pareja, se parentalice en su hijo y desvié en un vínculo que puede ser malsano y manipulador. De forma que en el vínculo con la madre el problema suele darse por sobreprotección, y en muchos casos coincide con la carencia afectiva del padre, lo que provoca que el niño se feminice por el instinto de imitación a la figura parental con la que pasa más tiempo. La ausencia del padre produce la dependencia de la madre.

Heridas homoemocionales. Si en el caso de la madre el problema era un vínculo demasiado fusionado, con el padre puede ocurrir todo lo contrario. Es decir, aquí la herida no es por sobreprotección sino por desidentificación o distanciamiento emocional. El asunto se agrava porque el niño al no recibir el refuerzo del padre de su propio género, se produce un "vacío de género", del que hablaremos más tarde, y esto provoca una herida en tres frentes: ausencia de carácter masculino, sobredimensión del mundo femenino y necesidad de masculinidad que en etapas posteriores se sexualiza con la atracción al mismo sexo.

Con la herida relativa al padre se produce un conflicto muy importante vivido como una doble lucha interna, se trata de *la exclusión defensiva y el impulso reparativo*. En la vida de muchos homosexuales hay una lucha ambivalente que provoca graves trastornos en su mundo emocional y afectivo, es una especie de "te quiero pero te odio". Se trata de la exclusión defensiva y el impulso reparativo. En ambos casos el problema se genera con la figura paterna. La exclusión defensiva es el proceso que hace bloquear el vínculo natural de relaciones e impide al joven identificarse con el modelo de su propio género, es decir su padre[57]. Es una defensa que originalmente nace como protección contra una herida paterna que en muchos casos fue reforzada por la etiquetación cruel de otros niños en la infancia, y que en la madurez se perpetuó en un rechazo y distanciamiento, que supone un gran obstáculo para la intimidad y reciprocidad honesta con los hombres. Al respecto Nicolosi comenta:

> *Las manifestaciones de la exclusión de género en el grupo se dan bajo la forma de hostilidad, competitividad, desconfianza y ansiedad sobre la aceptación. También manifiestan miedo, vulnerabilidad, fragilidad en las relaciones, reacciones de estar a la defensiva y una confianza lenta que se ve fácilmente obstaculizada por el más mínimo acto de incomprensión[58].*

Por otro lado está el impulso reparativo del que nos habla Socárides para referirse a las parejas de hombres que se buscan para obtener una 'inyección' de masculinidad por medio de la identificación con el compañero. Es decir que el vacío de género que acabamos de mencionar, provoca una carencia afectiva que genera una compulsión insaciable hacia la búsqueda de una masculinidad perdida. La persona con AMS necesita "consumir masculinidad" pero al mismo tiempo la rechaza atormentándose entre estos dos impulsos contradictorios que compiten: la necesidad natural de satisfacer sus carencias

---

[57] Cuando asumimos que se trata de un padre pasivo, ausente o maltratador.

[58] Nicolosi, Joseph, "Quiero dejar de ser homosexual", Encuentro. USA 2009, p. 274.

afectivas con los hombres, y su exclusión defensiva que perpetúa el miedo y la ira en las relaciones con otros varones.

Nicolosi afirma que el dolor por las carencias afectivas y las heridas no sanadas, provoca una desorientación y una búsqueda de mecanismos de compensación para restaurar un "yo" fracturado, que solo puede sanarse con la medicina de las "3 As": afecto, afirmación y atención, siendo la figura del padre, protagonista importante de ese suministro afectivo.

Bien, esto en cuanto a los factores de riesgo que intervienen en la formación de una identidad homosexual. Volvemos a repetir, aun a riesgo de ser cansinos, que lo que acabamos de mencionar son "solo" factores de riesgo que ni justifican, ni convierten a nadie en homosexual, pero que la confabulación de muchos de ellos a lo largo de la vida de un joven, sí pueden crear una fuerte predisposición a la homosexualidad.

Esto explica el porqué muchos homosexuales dicen sentirse así desde que tienen uso de razón ya que los mencionados factores de riesgo pudieron haberse dado en las fases más tempranas de su infancia, o incluso en el periodo prenatal, lo que debe hacernos también muy conscientes de que en origen la homosexualidad no tiene que ver con sexo sino con vacío de género y carencias afectivas. Es solo cuando toda esa confusión, vacío, heridas, necesidad de afecto, afirmación y atención, se erotiza con la llegada de la pubertad, que podemos hablar de atracción sexual.

Ética sólida y permanente: afirmando nuestros valores en la Palabra de Dios

Hasta el momento hemos comenzado el libro trabajando aspectos "en negativo" sobre la identidad sexual confusa, la ideología de género, la crisis de la masculinidad y los factores de riesgo que pueden darse en la vida de una persona, para que acabe desarrollando una AMS. En el apartado que nos ocupa, de prevención, se hace necesario compensar la balanza trabajando "en positivo" es decir definiendo y defendiendo que los conceptos de sexo y género son las marcas distintivas de nacimiento en todo ser humano. Defendiendo también que el asunto del género no responde a una construcción social ni a roles adscritos por la cultura. El género así como el sexo, volvemos a ratificar que es un asunto creacional y no cultural y está blindado desde el principio como denominación de origen divina.

Identidad, sexo y género: la marca original del diseño divino

Definiendo sexo y género. En nuestra sociedad de la modernidad líquida, como ya hemos visto, existe un amplio margen de libertad en la forma en que cada persona orienta y define su sexualidad, máxime cuando esta viene desprovista de un código ético que la regule. En realidad la definición de sexo debería reducirse a la condición diferencial con la que nace el ser humano: hombre, mujer, y por consecuencia género masculino o femenino.

No debería ser más complicado que eso, sin embargo y debido a toda la alteración que sobre este tema se ha dado en nuestra sociedad, mayormente al adoctrinamiento de la ideología de género, cuando hoy día hablamos de sexo, tenemos que diferenciar al menos tres aspectos previos: sexo biológico, sexo cultural y sexo psicológico.

El sexo biológico: Es el sexo asignado a una persona en el momento del nacimiento. Designa la corporeidad de una persona, es decir su aspecto físico diferenciado como varón o hembra. Por tanto constituye "lo dado", aquello que no podemos elegir. Es decir, se nace con sexo varón o hembra, no hay más opciones y así fuimos creados por Dios[59]. Es por ello que defendemos, entre otros argumentos, que la conducta homosexual, no tiene base biológica alguna y que viene determinada por otros factores como la educación, los estereotipos, sucesos de erotización traumática, la elección del propio comportamiento y la cultura en general. A partir de aquí las siguientes concepciones de sexo, ya están pervertidas por la modernidad líquida y sus doctrinas de género.

El sexo cultural: Tiene que ver con cómo es percibida la persona por su entorno y por el resto de la sociedad y señala la actuación específica de hombre o mujer. En general el sexo cultural responde a procesos históricos y condicionamientos de la propia cultura, refiriéndose a las funciones, roles y estereotipos que en cada sociedad se asignan como norma, al hombre y a la mujer. Si el sexo biológico es *lo heredado* por naturaleza, el sexo cultural es *lo influenciado* por el medio.

El sexo psicológico: Se refiere a la propia percepción psicológica de una persona como hombre o mujer. Consiste en la conciencia personal que el individuo tiene, de pertenecer a un determinado sexo. Esta conciencia se forma, en un primer momento, alrededor de los 2–3 años por el principio de diferenciación con el sexo opuesto y coincide en el 98% de los casos, con el sexo biológico[60]. El sexo psicológico, que como decimos no debería de diferir del biológico, difiere porque es influenciado hondamente por el sexo cultural, es decir por el ambiente en el que la persona vive: su familia de origen, la educación recibida, la ideología establecida, propias experiencias, etc. El sexo psicológico constituye *lo decidido* por la persona.

De forma que el sexo biológico desde una realidad empírica y científica, es visto como un hecho incuestionable, y pertenece

---

[59] "varón y hembra los creó" Gn. 1:27.
[60] A no ser que haya alguna disfuncionalidad o patología en el individuo: afectación por traumas, educación, ambiente…

por tanto al mundo de lo que llamaremos sexualidad sólida y permanente. En su afán por desmarcarse de cualquier estereotipo que limite y encasille las nuevas formas de vivir la sexualidad, los ideólogos de género ya no buscan concepciones estáticas y bajo la fluidez de los nuevos conceptos de género, el sexo cultural y el sexo psicológico quedan liberados de los límites de la biología y la ética judeocristiana, navegando hacia la fluidez del momento y la experiencia puntual y subjetiva. Es lo que llamamos sexualidad líquida y mutante.

Resumimos lo dicho hasta ahora en el siguiente esquema:

Sexo biológico:

Cromosómico
Gonadal
Endocrino
Genital

HEREDADO por naturaleza

Sexualidad sólida y permanente

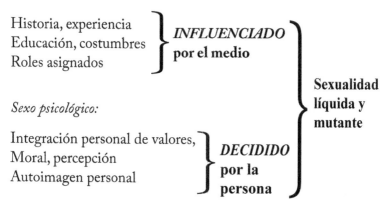

Sexo cultural:

Historia, experiencia
Educación, costumbres
Roles asignados

INFLUENCIADO por el medio

Sexualidad líquida y mutante

Sexo psicológico:

Integración personal de valores,
Moral, percepción
Autoimagen personal

DECIDIDO por la persona

En realidad una equilibrada identidad sexual se forma al asumir la unicidad del sexo biológico y el psicológico, y no dejarse influenciar por la cultura en otros caminos que pretendan separar ambos conceptos y abrir las compuertas del relativismo y la cultura del "todo vale".

Definiendo género: Por otro lado cuando hablamos de género, hacemos referencia al género masculino y al género femenino exclusivamente. Sexo y género son términos que van inseparablemente unidos y constituyen la identidad sexual natural de una persona. No estamos de acuerdo con la ideología de género que defiende que el "género" es una construcción social y por tanto no se hereda biológicamente sino que se decide culturalmente y aun caprichosamente en una elección en la que entrarían posicionamientos sentimentales, éticos, morales y/o religioso filosóficos. Es decir que para ellos sea cual sea su sexo, el hombre podría elegir su género. En eso consiste precisamente el género fluido, como ya hemos visto.

Por ello enfatizamos que nuestro posicionamiento parte de la base de que el género va unido al sexo, es decir que el sexo (varón o hembra) con el que nacemos, determina nuestro género (masculino, femenino). Esto es justificable para nosotros desde el punto de vista biológico, pero sobre todo desde el punto de vista teológico. Este es el orden natural con el que Dios nos formó y creó en el principio, a su propia imagen y semejanza: *Y creó Dios al hombre a su imagen, a imagen de Dios lo creó; varón y hembra los creó*[61].

A modo de conclusión, y cuando hablamos de *diferencias de género* nos referimos exclusivamente a las que se dan en los dos únicos géneros con los que podemos nacer: masculino y femenino. La naturaleza no se equivoca en su diseño inteligente pues la cuestión del género es un asunto inherente y propio de la condición humana "per se" y no de la cultura. Dios nos creó hombre y mujer y esa es la única distinción de género que podemos admitir: masculino y femenino. Esto no es forzado,

---

[61] (Gn.1:27)

es natural, y como ley natural solo podemos reconocer al ser humano en su género y sexo como hombre y mujer. Es por ello que no estamos de acuerdo con otras opciones de vivir la sexualidad que incluyan homosexualidad, pansexualidad, sexo y género fluido en general. Cuando dejamos de creer en Dios y en su diseño original, abrimos la puerta a cualquier disparate. Las cosas en el orden natural funcionan de una manera predeterminada, y no deberíamos tener la pretensión ni la osadía de cambiar la realidad. Lo natural es que una máquina cortacésped se utilice para cortar el césped, si la utilizamos para transportarnos de un lugar a otro, quizás lo podamos hacer, pero será lo anormal. Nuestra biología es nuestro destino, y si como afirma Nicolosi *la normalidad es aquello que funciona de acuerdo a su diseño*, entonces el orden natural en cuestiones de género, nos demanda cumplir nuestro destino como varón o hembra, masculino o femenino, pues así fuimos diseñados por Dios. Esto es lo que creemos y defendemos. Sigamos adelante con las diferencias naturales de género que de nuevo la doctrina de la modernidad líquida, pretende anular.

La importancia de la identidad. El tema de la identidad es algo clave en la historia del ser humano y en la teología. La identidad es "el todo" de la persona, pues responde a su pasado, presente y futuro. Lo volvemos a mencionar. Cuando el hombre y la mujer pecan en Génesis 3 se produce una pérdida de su identidad. Bajo la cobertura y obediencia a Dios todo estaba claro y el hombre era *habitante* en el Edén. Bajo el pecado y expulsado del huerto santo, el hombre se convierte en *errante* y pasará toda su vida en una búsqueda incesante de su identidad pérdida. Cuando uno no tiene claro quién es, tampoco tiene claro "para qué es" ignorando el propósito de su vida y perdiendo el motor y la fuerza de quién tiene un objetivo definido que cumplir, y abriendo además la puerta a la confusión de género y al camino hacia la androginia y la homosexualidad, entre otras opciones.

En Mateo 16 se produce la confesión de Pedro ante la pregunta de Jesús: "¿Y quién decís vosotros que soy yo? Esa afirmación: "roca", por la solidez de lo que en ella se declara, es la piedra angular de la edificación de la iglesia. ¿Sobre qué hecho? Sobre la Identidad de Jesús, que estaba siendo confundida por muchos. Satanás tienta a Jesus tanto al principio de su ministerio como al final del mismo, justamente en este aspecto, es decir poniendo en duda su identidad. En las tres tentaciones comienza de la misma forma: "Si eres Hijo de Dios..." Al final, en la muerte de Jesús continúa el mismo ataque a su identidad: "Si eres Hijo de Dios desciende de la cruz" (Mt.27:40). Satanás ataca la identidad de Jesús para anular su propósito de morir por la humanidad. Hoy en día se sucede la misma estrategia, todo se difumina y mezcla en una confusión de identidades sin precedentes, que tiene como objetivo final desviar al hombre de su propósito principal: conocer a Dios.

El principio de la diferenciación. Este es un aspecto bien importante. En esa pretendida igualdad, uniformidad y absoluta libertad de elección de género que promulga la modernidad líquida, y que permite la fusión y sobre todo la confusión de géneros, debemos hacer una matización importante. La *diferencia* de género no es lo mismo que la *desigualdad* de género. La diferencia implica que por razones diversas, los integrantes del género masculino tienen cualidades esencialmente distintas que las del género femenino, que deben ser entendidas siempre en un plano de igualdad. Por ello, de esto no cabe deducir un principio de superioridad del uno sobre el otro. La igualdad de género, como ya hemos comentado, es una reivindicación social que está muy de moda en la sociedad líquida actual. Es cierto que históricamente la mujer ha estado sometida al hombre y privada de los mismos derechos, pero eso no quiere decir, que fuera del ámbito laboral y social donde sí se debe buscar la igualdad, los hombres y mujeres debamos de ser iguales en cuanto a cosmovisión, percepción, enfoque de la vida, o sentimientos, porque entre otras cosas, y de hecho, ¡somos diametralmente opuestos!

Dice la Palabra en Gn.1 que en el principio la tierra estaba "desordenada y vacía"[62], y a partir de esa realidad Dios comienza el acto creador. Del *caos* Dios crea el *cosmos*, es decir el orden en todo lo creado. En ese orden inicial está el principio de la diferenciación que implica que cada cosa se define y caracteriza por el contraste que se da en todas las esferas del orden natural. El mundo se ordena mediante sucesivas separaciones de los elementos.

Esa diferenciación inicial que en principio fue para distinguir lo "malo de lo bueno" (caos, cosmos) se aplica ahora para dar unicidad y carácter distintivo a todo lo creado. Por tanto la creación en su evolución armónica sigue el orden de la diferenciación, pues para cada elemento hay un contrario que lo define, contrasta y complementa (cielo-tierra, sol-luna, mañana-tarde, día-noche, frío-calor, hombre-mujer, masculino, femenino). Por ello defendemos que en el principio de la diferenciación está la identidad del objeto/sujeto y la complementariedad del mismo respecto a otro, así como que hay unas leyes naturales que forman parte del orden de la creación. Se trata de la idea de un "tú" que me contraste y me haga consciente de mi "yo". Solo podemos ser nosotros mismos en toda la plenitud de la palabra, mientras exista un contrario con el que compararnos, diferenciarnos, pero también complementarnos, como veremos en el punto siguiente.

El principio de la complementariedad. Hay una diversidad natural entre los sexos que tiene como fin el principio de

---

[62] *Caos* es el término griego para designar "desorden" mientras que *cosmos* es el término griego para designar "orden".

la complementariedad. Hombres y mujeres debemos ser distintos para así poder ser complementarios. El principio de la complementariedad se basa en el principio de la diferenciación ya mencionado, un hombre tímido tenderá a buscar a una mujer extrovertida, opuesta en carácter, pues lo que le falta a él será suplido por ella y viceversa. Es como un puzzle, donde las piezas son distintas, pero solo desde esa característica diferencial pueden juntarse para formar una sola pieza. A esto Paul Tournier lo denomina "mecanismos de compensación". Cada uno busca en el otro lo que no posee, si eres tímido tu tendencia natural será buscar a alguien extrovertido, si eres autoritario tu tendencia natural será compensar buscando a alguien más sumiso y condescendiente.

Todos estos aspectos de la distinción binaria de género, su diferenciación y su carácter complementario, son conceptos completamente antagónicos a los defendidos por la ideología de género, y que se vivencian en su plenitud, desde la perspectiva del matrimonio heterosexual. Es ahí donde hombre y mujer se complementan en su máxima expresión y dimensión, dejando de ser "yo y tú" para pasar a ser "nosotros". Aquí está implícito el principio de "serán una sola carne" que traspasando su primera acepción de sexualidad biológica, aspira a que dos seres diferenciados sexualmente, lleguen a ser UNO por ese principio de la complementariedad.

Origen y propósito de la sexualidad. Dado que no podemos reducir la sexualidad humana a un mero hecho biológico, ni mucho menos depravarla a un instinto primario y absolutamente circunstancial, se hace necesario justificar su origen divino y dignificarla dentro del pacto del compromiso matrimonial y de las relaciones saludables. Por ello este apartado hemos querido dejarlo para el final ya que no interesa que el sabor que nos quede en todo este asunto de identidad, sexo y género sea el de la buena aplicación de la sexualidad y su origen divino, noble y puro. Debido a la fuerza y la atracción de una sexualidad desconectada y pervertida, se hace necesario que el hombre ajuste su mente y convicciones a la total obediencia a Cristo, pues la lucha va más allá de un mero problema de "carne y sangre" entrando en las esferas de la guerra espiritual. El origen de la sexualidad nace con el origen del hombre, y responde a un problema de soledad expresado por Dios en Gn.2:18: "No es bueno que el hombre esté solo, le haré ayuda idónea". Entonces Dios crea a la mujer como el complemento ideal para el hombre, es decir como una "ella" que le distingue de "él", le completa y le diferencia, sustituyendo la soledad por compañerismo[63]. De forma que el propósito primario y principal de la sexualidad se expresa muy bien con la palabra "relación", pues la sexualidad fundamentalmente es cosa de dos, es entrega, es compartir, es intimidad. Por tanto la sexualidad tal como Dios la diseñó promueve relación, justamente lo contrario que produce una sexualidad sin principios divinos donde el egoísmo, la soledad y la culpa son sus únicos frutos. Dejamos claro que la sexualidad forma parte de la creación de Dios y que por tanto es buena en gran manera. Nunca debemos olvidar los orígenes de la sexualidad y su limpieza moral, para no dejarnos influenciar por la fea copia en que la podrida modernidad líquida la ha convertido, más bien diríamos pervertido.

Sin embargo no solo el elemento relacional es el único propósito divino para la sexualidad, en realidad es la base sobre la que se asientan otros tres grandes propósitos. La procreación, la recreación, la protección. El pacto de compromiso matrimonial es el ambiente natural donde debe desarrollarse la plenitud de la sexualidad, y en cada uno de sus tres propósitos principales deben estar los ingredientes balanceados del placer y la entrega, del deseo y la ternura. El esquema podría quedar así:

---

[63] La etimología de la palabra "compañerismo" deriva de "comer pan con".

Proteger de las relaciones ilícitas: Protección
Continuación de la raza. *Procreación*
La mejor expresión de la unidad. *Relación*
Generar placer y bienestar. *Recreación*

} **Propósitos de la sexualidad**

Hemos visto hasta este momento, algunos de los factores que de índole histórico, cultural e ideológico, han ido pervirtiendo la sexualidad, y como el problema puntual de la homosexualidad hay que entenderlo dentro de esta cosmovisión universal de la modernidad líquida. Cuando trabajamos en la restauración de personas con problemas de AMS, debemos ampliar la visión para entender todos estos aspectos, pues solo desde una comprensión general del problema y desde posiciones personales arraigadas en la Palabra, lo podremos afrontar con autoridad y verdadero conocimiento de causa. De forma que con toda esta base teórica, necesaria para la total comprensión de la problemática que nos ocupa, estamos concienciados y preparados para abordar la explicación sobre las etapas en el proceso hacia la consolidación de una identidad homosexual.

Prevención:

Explicando el proceso que conduce a la identidad homosexual

Etapas en la consolidación de una identidad homosexual

Vamos a ver ahora como la suma de todos esos factores mencionados en las etapas clave del desarrollo humano, pueden desembocar en la asunción de la homosexualidad. Son como eslabones, que en unión con los siguientes, van formando la cadena de la identidad homosexual.

Es importante resaltar que en lo que atañe a la identidad de género, y en el caso que nos ocupa, el del varón, la construcción de su identidad es algo bastante más complicado que en el caso de la mujer, el hombre ha de recorrer un camino más largo. Al respecto la escritora Camille Paglia comenta:

Una mujer ya es, pero un hombre aún debe llegar a ser. La masculinidad es algo arriesgado e inasible. Se consigue mediante la separación de una mujer, la madre, y solo se confirma mediante otros hombres[64].

A pesar de tratarse de una activista gay, tiene razón en que para la formación de la identidad masculina hay que cumplir un proceso que en la mujer no se da. Se trata de la desidentificación de género, en una primera fase su madre, para la identificación de género, en una segunda fase su padre. Para la mujer es menos complicado pues en un sentido la feminidad es algo que hay que *asumir* pero la masculinidad es algo que hay que *conseguir*. Lo explicamos enseguida.

Las etapas que vamos a ver sitúan algunos de esos factores de riesgo en las primeras fases del desarrollo evolutivo de un niño, cuando las impresiones y vivencias marcarán a fuego su destino. Dichas etapas son 6 y el esquema que seguiremos es el siguiente[65]:

- Vacío de género
  (18m a 4 años)
- Baja autoestima de género
  (5 - 8 años)
- Atracción de género
  (9 - 12 años)
- Erotización de la A. de G.
  (13 - 15)
- Refuerzo homosexual
  (15 - 17...)
- Identidad homosexual
  17 - ...)

} **Etapas en la consolidación de una identidad homosexual**

---

[64] Citado por Nicolosi, Joseph, "Cómo prevenir la homosexualidad", op. cit., p. 28.
[65] Adaptado de William Consiglio "¿Qué es la homosexualidad?".

1ª Etapa. Vacío de Género (VG) *Experimentando la ausencia* (18 meses a 4 años)

El niño nace del vientre de la madre, amamanta el pecho de la madre y se siente uno con ella formando la cápsula materno-filial. A partir de los 18 meses el niño empieza a tomar conciencia de sí mismo y hasta los 4 años vivirá un proceso donde poco a poco empieza a asumir su propia corporeidad e independencia. Para asumir su identidad sexual diferencial iniciará un proceso de "escisión" del mundo de mamá, y para conseguirlo tiene que dar un salto en el vacío, un salto de fe desidentificándose de mamá para comenzar a ser él mismo.

Si se trata de una niña el proceso no es tan traumático, pues al tomar conciencia de sí misma, se ve igual a su mamá, no le cuesta tanto la separación porque se produce "entre iguales" entre su propio género femenino, de forma que el mensaje es: "Soy como tú, mamá, ahora puedo ser yo misma". Pero cuando se trata de un niño el asunto es diferente. Al desidentificarse de mamá, no se ve igual a mamá, como el puente natural para ser "el mismo". Para que esto ocurra tiene que dar un salto en el vacío hacia "el otro", hacia su igual, hacia su propio género, es decir hacia su padre, es un auténtico salto de fe. El gran problema es que papá no siempre está ahí para recibirle y reafirmarle en su género, y cuando su padre por pasividad o por ausencia, no está presente, el niño "cae al vacío" y se siembra baja autoestima de género[66]. El padre al no recoger al niño, hace que este se vuelva al referente "seguro" es decir su madre, reforzando la dependencia de ella y comenzando el proceso de confusión de género.

---

[66] Por esto los especialistas aseguran que el proceso de afirmación de género es más complicado en los hombres, lo que podría explicar que el porcentaje de homosexuales sea un 70% mayor en el género masculino que en el femenino. Es decir por cada 30 lesbianas, hay 100 homosexuales. Aunque sospechamos que ese porcentaje se está equilibrando bajo la uniformidad del género fluido.

Al no estar presente la figura del padre para la identificación y separación adecuada, se irán añadiendo otros eslabones a la cadena, que irán reforzando esa confusión de género. Lo que llamamos confabulación de factores. Pasamos así a la segunda etapa: baja autoestima de género.

2ª etapa. Baja Autoestima de Género (BAG). *Sufriendo la exclusión* (de 5 a 9 años)

Esta etapa coincide de pleno con el inicio del ciclo escolar y la socialización con otros niños. Al llegar el niño al colegio con el vacío de género citado, su modelo es más materno y por lo tanto no acostumbrado a los juegos de competencia propios de los chicos, frente a los que se siente inseguro pues su identidad de género no está bien afirmada. Cuando sus "pares", es decir cuando los otros niños perciben esto, comienza el proceso de etiquetación con mensaje tipo: "Pareces una niña", "Eres marica", etc. El niño, en su confusión y baja autoestima, no se defiende y calla, lo que refuerza aún más en sus compañeros el mensaje de etiquetación.

Puede ocurrir que al llegar a casa les diga a sus padres lo ocurrido, o estos se enteren por otros medios, pues seguramente el niño se sentirá avergonzado de contarlo. Normalmente el padre le dirá al niño que tiene que defenderse frente a sus pares con mensajes tipo: "Marica lo serás tú" o "Si me vuelves a llamar niña te parto la boca", pues para el padre es un asunto de honor defender su hombría. Cuando el niño no se atreve y no se defiende, el propio padre por enfado o en un intento de tocar su orgullo y dignidad, puede llegar a decirle: "Pues entonces a ver si es verdad que eres marica", lo cual refuerza aún más su etiquetación de diferente y distinto, abonando la duda y la mentira con el siguiente mensaje: ¿Será cierto que soy marica?

También puede ocurrir que además el niño no sea físicamente fuerte o que sea poco hábil en juegos de competencia (fútbol, carreras de bicis, baloncesto, etc.), lo cual unido al haber crecido más en el universo femenino, y por tanto no sentirse tan cómodo ni familiarizado con esos juegos típicamente varoniles, provoca que se siga reforzando y añadiendo eslabones a la cadena de la identidad homosexual. Al ir creciendo se pasa a la siguiente etapa. *La atracción de género.*

3ª etapa. La Atracción de Género (AG). *Sintiendo la necesidad* (de 10 a 12 años)

Llegados a este punto, el niño tiene una necesidad muy grande de aprobación, de afirmación. Probablemente le gustaría ser como sus amigos, fuertes, decididos, hasta agresivos, pues lo que no se tiene, se desea. Se trata de una atracción no erótica, lo que el niño busca frente al rechazo que sufre, es una afirmación, y se vuelve emocionalmente dependiente de otros niños buscando esa afirmación que le provea seguridad y afecto. El problema es que sus pares a esa edad, no piensan en relaciones profundas ni en transferencia del plano emocional, no es el momento, todavía está muy presente en ellos el juego y la actividad física. Por lo que la tendencia de los otros niños será evitar su compañía, pues lo perciben como raro y demasiado "pegado", lo cual seguirá hundiendo y reforzando su etiqueta de diferente y distinto a sus compañeros, y así pasamos a la siguiente etapa: *La atracción sexual.*

4ª etapa. La Atracción Sexual (AS). *Erotizando la necesidad* (de 13 a 15 años)

Llega la pubertad y con ella toda la explosión hormonal que tiene que ir despertando su pulsión sexual. Aquí la atracción de género, la necesidad de apego emocional, ya se sexualiza, se erotiza. Comienza una mezcla de sentimientos que produce una gran confusión hacia lo que siente: enamoramiento, deseo sexual hacia sus compañeros, confusión. Normalmente en esta etapa se descubre la masturbación, canalizando la fuerza de su sexualidad hacia lo que no se tiene, hacia el contrario, en este caso hacia la masculinidad, es decir, hacia otros chicos. Es una etapa de profunda lucha interna, el adolescente no quiere ser así, a su confusión y desorientación de etapas anteriores, se une la corriente imparable de una sexualidad que ha desviado su curso natural. Hay una necesidad de contacto, de experiencia física que le confiera certezas sobre lo que realmente es. Esto da paso al siguiente eslabón de la cadena, a la siguiente etapa: *el refuerzo homosexual*.

5ª etapa. El Refuerzo Homosexual (RH). *Asumiendo la condición* (15 en adelante)

Se considera ya la homosexualidad como una opción a ir asumiendo, aunque todavía hay una lucha interna. En esta etapa se normaliza la masturbación con fantasías homosexuales, la pornografía, la búsqueda de ambientes gays, donde no se sienta raro ni diferente. En el encuentro e identificación con el mundo gay comienzan los contactos homosexuales. Se sigue reafirmando la asunción de su homosexualidad frente al vacío de género sufrido desde el principio y en todas las etapas anteriores, es decir, se va produciendo el refuerzo homosexual, el convencimiento de que es diferente, pero que al vivirlo con otros chicos en su misma situación, se va asumiendo como una realidad que probablemente haya que aceptar. Esto da paso a la siguiente y última etapa: *la identidad homosexual*.

6ª etapa. La identidad homosexual (IH). *Defendiendo la condición* (18 en adelante)

El joven todavía vive su identidad con cierto grado de culpa y por ello puede haber intentos de comprobar si es heterosexual. Experiencias que en muchos de los casos fracasan, o se viven con frustración, al comprobar que esos encuentros no solucionan su conflicto interior, pues el asunto es más profundo que la sexualidad genital, y abarca complejos aspectos en el plano emocional y afectivo.

Dado que el joven continúa incursionando cada vez más en el mundo gay, y que la identificación con el grupo le provee de "pares homosexuales" que le comprenden y con los que siente el colchón afectivo que le faltaba, poco a poco se va liberando de complejos, estereotipos y miedos, y al ser aceptado y entendido se libera del peso, asumiendo finalmente la identidad homosexual. El chico "sale del armario" y defiende su condición, sintiéndose liberado para vivir como gay.

Para concluir, comprobamos como a lo largo de todo un proceso que comienza desde la infancia temprana, todos los factores de riesgo mencionados han contribuido a que finalmente se pueda forjar una identidad homosexual. ¿Dónde se dan las primeras carencias? ¿En qué lugar se producen los primeros vacíos? En la familia. De ahí su importancia en la prevención de conductas de riesgo que puedan derivar en homosexualidad o en cualquier otro tipo de identidad polimórfica. El libro trata de la pastoral de la atracción al mismo sexo, pero en el apartado de prevención que nos ocupa, muchos de los factores de riesgo que hemos mencionado y aún de las etapas en la formación de una identidad homosexual, se evitarían si el matrimonio y la familia fueran un reducto de los valores, modelaje, arraigo y sentido de pertenencia, que todo niño y joven necesita.

Si bien es necesario resaltar que no podemos poner todo el peso de la solución o del problema, en la familia. Existen familias y matrimonios saludables de las que han salido jóvenes que acabaron desarrollando una conducta homosexual. Cada historia es diferente y muy particular, por eso no se trata de buscar culpables ni de atribuirle a la familia todo el peso de la responsabilidad en uno u otro sentido. Pero al mismo tiempo reconocemos su valor innegable como freno y vallado de protección, frente a muchos ataques exteriores.

Prevención:

Reforzando la Institución del Matrimonio y la Familia

La importancia de la educación en los valores permanentes de la Palabra

Frente a tanto ataque de la sociedad en la que vivimos, y si no estamos bien firmes en nuestras convicciones y ética de vida, corremos el riesgo de que la singularidad de nuestro cristianismo sea arrastrada y diluida en la corriente de la modernidad líquida. Ro.12 nos advierte que no nos conformemos a este siglo sino que seamos transformados mediante la renovación de nuestro entendimiento. Esto incluye que nuestros pensamientos y conocimientos estén arraigados en una educación integral basada en los principios permanentes de la Palabra de Dios. De ahí que veamos la gran importancia en este apartado de prevención, de recordar y reforzar las bases del matrimonio y la familia, pues a fin de cuentas, es ahí donde se pueden producir las primeras grietas en nuestra identidad de género, y aún donde la sexualidad, ya anteriormente reforzada en su enfoque bíblico, tiene su cauce de expresión.

Por ello recordamos la importancia de que, desde un aspecto preventivo, no nos ocupemos solamente de conocer para evitar, es decir, al mismo tiempo debemos investigar y profundizar en las causas sociales y los procesos que llevan a una identidad de género equivocada, y al mismo tiempo que analizamos aspectos como la ideología de género y la cultura líquida en la que vivimos, no tenemos que olvidarnos que dentro de la prevención también se hace necesario compensar tanta información sobre la patología social que vivimos, trabajando aspectos básicos y fundamentales de lo que sí nos interesa aplicar y reforzar. Esto que ya hemos hecho con los conceptos de identidad, sexo y género, es lo que ahora haremos con el matrimonio y la familia.

Se trata, como decíamos al principio de esta segunda parte de prevención, de comprender la tremenda importancia de educar en los principios bíblicos, sobre todo pensando en la capacitación del liderazgo y en la enseñanza a través de escuelas de padres, conferencias sobre el valor del matrimonio y la familia, educación afectivo sexual, consejería y orientación familiar, etc. Por eso nos interesa reubicar y defender al menos en sus postulados básicos, el enorme valor social del matrimonio y la familia natural como la institución más amenazada y como el antídoto natural para evitar ser arrastrados por la marea de esta sociedad podrida y a la deriva.

Matrimonio sólido en una sociedad líquida: origen y naturaleza

Por si no habíamos ya tomado conciencia de la gravedad del problema veamos, o mejor dicho leamos las inquietantes afirmaciones de distintos pensadores líquidos como la escritora

Alison Jagger, quien habla en estos alarmantes términos del final de la familia:

El final de la familia biológica eliminará también la necesidad de la represión sexual. La homosexualidad masculina, el lesbianismo y las relaciones sexuales extramaritales ya no se verán desde el prisma liberal como opciones alternas, fuera del alcance de la regulación estatal; en vez de esto, hasta las categorías de homosexualidad y heterosexualidad serán abandonadas. La misma institución de las relaciones sexuales, en que hombre y mujer desempeñan un rol bien definido, desaparecerá. La humanidad podría revertir finalmente a su sexualidad polimórfica natural[67].

El ataque es directo y sin rodeos, lo que pretende la modernidad líquida y la ideología de género es la destrucción total de la familia y la apertura hacia una identidad de género donde caben todos los posibles imaginables e inimaginables. No somos un accidente cósmico, el universo, nuestra propia vida, todo, forma parte de un orden natural preestablecido y de un diseño inteligente en el que entra la lógica y la razón y donde la institución del matrimonio y la familia es uno de los activos más poderosos con los que contamos para defender la heterosexualidad, la monogamia y el concepto del matrimonio como un pacto de compromiso estable y permanente.

El matrimonio forma parte indispensable del plan estratégico de Dios para que la humanidad se desarrolle conforme al mandato cultural de Gn.1:28: *Fructificad y multiplicaos, llenad la tierra y administradla.* Este versículo es de suma importancia para entender que el primer encargo divino, el primer mandato al hombre y a la mujer, es el "ministerio" al matrimonio y a la familia. Por tanto dentro de ese orden y de ese plan preestablecido, una de las primeras cosas que Dios hace es fundar la institución del matrimonio como garante de ese llamado inicial.

---

[67] http://www.conelpapa.com/ideologia/ideologia.htm.

Pero antes de la formación de la primera pareja, la Biblia declara que somos hechos a imagen y semejanza de Dios. Dado que Dios es espíritu y no tiene forma corpórea *(Él es la imagen del Dios invisible*[68]*)* esa imagen y semejanza debe darse en el plano espiritual y emocional. Sabemos que en Dios coexisten las tres personas de la Trinidad en una relación de perfecta unidad y armonía, y por tanto una de las características con la que todo ser humano nace, es con una necesidad y capacidad para relacionarse, somos seres relacionales que necesitamos estar en contacto y nutrirnos de otros seres humanos, no fuimos diseñados para vivir en soledad.

Pronto veremos, cómo el hombre y la mujer, que son seres relacionales y complementarios, forman el matrimonio y la familia como la única institución que comparte con Dios mismo la capacidad de crear vida dentro de un orden natural y de un plan preestablecido. Ahora, es interesante notar cómo la creación de la mujer responde a una necesidad relacional que Dios detecta "sobre la marcha" en el proceso creador. En Gn.1 se da el acto creador siguiendo una fórmula con tres pasos bien definidos:

Fórmula divina del acto creador	Expresión de la voluntad divina. v.3: *Y dijo Dios: Sea la luz.* Ejecución inmediata v.3: *y la luz fue.* Declaración final v.4: *Y vio Dios que la luz era buena.*

Esa fórmula en tres pasos se sigue durante todo el proceso de la creación y a lo largo del mismo la frase final es siempre: *Y vio Dios que era bueno,* hasta el punto que al finalizar la obra de la creación, Dios declara en grado superlativo que todo lo que había hecho *era bueno en gran manera* (Gn.1:31). Esa es

---

[68] Col.1:15.

la cadencia y el tono durante todo el capítulo 1 de Génesis, resaltar la bondad y armonía de todo el proceso creador. Pero al llegar al capítulo 2 hay un versículo que choca frontalmente con la declaración anterior, es como si Dios reconociera que el hombre estaba incompleto. Nos referimos a Gn.2:18 donde Dios afirma que *no es bueno que el hombre esté solo*[69].

El contraste es dramático y Dios se da cuenta que el hombre en sí mismo y como parte de Su propia imagen, es un ser sociable, gregario y que la declaración de *no es bueno que el hombre esté solo*, no hace sino evidenciar esa carencia existencial, que inmediatamente Dios suple con la creación de Eva, la *ayuda idónea*[70].

Después de la creación de Eva, y como una consecuencia lógica, se da la institución del matrimonio en Gn.2:24, dentro del orden natural del proceso creador y como respuesta a la soledad del hombre. Por tanto el matrimonio no es un asunto cultural sino creacional, el matrimonio no fue diseñado ni ideado por ninguna civilización o cultura como el medio para regular u organizar la sociedad, tampoco es ninguna institución humana que necesite ser cambiada o actualizada conforme a las necesidades o tendencias de cada nueva generación.

El matrimonio al no ser producto de la cultura ni de la sociedad, ha de ser visto como una institución que nace antes de la historia, por tanto el matrimonio es pre-histórico y se da en el contexto de la propia creación dentro de lo que en teología se llama el estado de gracia. El estado de gracia es el periodo comprendido entre la creación y la irrupción del pecado en Génesis 3, cuando el hombre y la mujer vivían una existencia

---

[69] Este es un versículo de tremenda importancia para fundamentar la sexualidad sobre una base de necesidad relacional.

[70] "El término "ayuda idónea" comparte la misma raíz griega utilizada para referirse al Espíritu Santo como "el consolador (ayuda idónea) de nuestras vidas. La "ayuda idónea" vista como el complemento ideal.

de plena armonía entre ellos y con Dios, sin la coexistencia con las consecuencias posteriores del pecado (muerte, dolor, conflictos...). En ese estado de perfección, Dios funda dos instituciones troncales que pretendían ser la base de toda civilización posterior: la institución del día de reposo y la institución del matrimonio.

Mediante la institución del día de reposo[71] Dios se aseguraba la permanencia del culto debido a Su persona, y mediante la institución del matrimonio en Génesis 2:24, Dios se aseguraba la permanencia de la humanidad y el cumplimiento del mandato cultural dado en Génesis 1:28: *Fructificad y multiplicaos, llenad la tierra y administradla*. Por tanto el matrimonio es una institución troncal y fundacional establecida por Dios para regular las bases sobre las que debía asentarse toda civilización posterior. Bases, volvemos a repetir, que al no ser culturales (y por tanto sujetas a cambios) son creacionales (y por tanto enraizadas en valores permanentes) y sirven para toda edad y tiempo, no pudiendo ser adulteradas y desfiguradas por aspectos culturales como ideologías de moda, filosofías pasajeras o políticas de ensayo. El matrimonio es un pacto heterosexual, monogámico y con vocación de permanencia[72].

Como líderes, como pastores, orientadores cristianos y maestros en nuestras iglesias, necesitamos formarnos y formar a nuestros jóvenes en todos estos aspectos. Cuando entendamos, enseñemos y vivamos esto, muchos problemas en nuestros hijos y jóvenes relativos al género, al sexo y a su identidad, se resolverán por sí solos.

---

[71] Cuando Dios santifica el séptimo día como día de reposo, quiere decir que consagra y aparta ese día específicamente para que el hombre descanse de su labor cotidiana y reflexione en Dios, pues este es justamente el sentido de la palabra santidad. Esto toma carácter de ley "oficial" cuando se promulgan los diez mandamientos en Dt.5:12-14.

[72] Para ampliar estos conceptos ver nuestro libro "Tu Matrimonio Si Importa" editorial CLIE.

La importancia del arraigo y la herencia familiar

El matrimonio y la familia constituyen la célula básica de la sociedad y el primer marco relacional de todo ser humano. Su trascendencia es absoluta pues en ella las personas adquieren las claves educativas con las que tendrán que desarrollarse en sociedad. Todos los conceptos y pautas para que un ser humano se desarrolle emocionalmente equilibrado tanto en su mundo interior como en su red social de relaciones, se aprenden en el contexto de la familia, hasta tal punto que podemos afirmar que la familia, como extensión natural del matrimonio, es el destino de la persona.

Como seres relacionales necesitamos formar parte de redes o sistemas donde poder desarrollar relaciones significativas que den sentido a nuestras vidas. El primer sistema de relaciones interpersonales, ya hemos dicho, que es la familia como extensión natural del matrimonio. El valor social del matrimonio y la familia es innegable, no podemos disociar familia de sociedad. La familia es y ha sido siempre el sistema relacional básico de cualquier civilización, es el medio natural para el desarrollo psicoafectivo de cualquier ser humano. En definitiva, la familia otorga sentido de identidad, arraigo y pertenencia.

Sin embargo la desintegración de la familia y la nula valoración del concepto de matrimonio, es una triste evidencia de un modelo social que hace agua por todas partes. Ahora estamos recogiendo los frutos amargos de una siembra donde no se plantaron los conceptos troncales de la educación (valores, normas, afectividad, disciplina). Vivimos en una sociedad donde hemos "roto la baraja" en todos estos aspectos de la convivencia común. La apertura hacia los derechos del "individuo" ha restado valor al concepto de compromiso y entrega y como consecuencia, el matrimonio y la familia, son las primeras víctimas de esta sociedad líquida y mutante más preocupada en los derechos personales y en la independencia del individuo, que en la búsqueda de relaciones estables y significativas. Hasta hace unas décadas, el enfoque de la sociedad era familiar, pero desde que el concepto de posmodernidad y modernidad líquida entraron en escena, el enfoque social es laboral y de promoción personal. Subyace en el inconsciente colectivo de muchas parejas la idea de que si bien su familia es importante, lo prioritario en esta vida es la formación personal y la autorrealización, aduciendo que su bienestar familiar depende de su trabajo y del mejor sueldo que logren conseguir. Los matrimonios con esta mentalidad no son conscientes que sus hijos y aun su propia relación no se mantienen con bienes materiales, sino con relaciones que otorguen sentido a nuestras vidas.

Todos tenemos una historia que nos condiciona y que forma parte de nuestra identidad. Antiguamente las familias conocían la vida de sus antepasados y se sentían orgullosos de su herencia familiar. Hoy en día muchos niños apenas tienen trato con sus abuelos o familia extendida, incluso debido a la desestructuración familiar, muchos niños de padres separados o de parejas de hecho, ven como la figura de los abuelos va cambiando a tenor de las nuevas relaciones de sus padres. El sentido de apego a la tradición y a la casta familiar se ha perdido.

Dicen que la vejez consiste en rememorar la vida que se ha tenido, para gozarse si esta ha sido fructífera, o para lamentarse si ha sido estéril. Normalmente entendemos por herencia el reparto de los bienes materiales que nuestros padres o familiares nos dejan en su testamento. Hay personas que se lamentan de que no han recibido casi nada de sus padres porque eran pobres, y otras se lamentan de serlo ellas mismas y de no tener nada que dejarles a sus hijos. Pocos se dan cuenta de que la mejor herencia, el mejor legado que podemos dejar a nuestros hijos, no consiste en *posesiones* sino en *relaciones*: recuerdos, vivencias, momentos y circunstancias vividos y compartidos a lo largo de toda una vida. Recordamos con mi esposa como en una ocasión un anciano nos comentó que la vejez consiste en rememorar la vida que se ha tenido, para disfrutar del tesoro de buenos recuerdos y momentos vividos, si es que se han tenido, o para lamentarse por no haber elegido bien sus prioridades. Por eso no debemos olvidar esta frase: "Vive bien el presente, para que en el futuro, tengas un buen recuerdo de tu pasado".

La experiencia de ser padres es comparable a pocas cosas, los hijos conectan una generación con otra, son puente de valores familiares, y los padres somos transmisores de la herencia familiar y del testigo generacional. Por ello es necesario ser muy conscientes de la importancia que tiene el que nuestros hijos conozcan su historia familiar, sus raíces, que les hablemos de nuestra infancia, de los abuelos, que nos sentemos con ellos a ver fotos antiguas, objetos familiares especiales, cosas tangibles que les conecten con un pasado que forma parte de su historia y de su herencia generacional. Esto es lo que llamamos sentido de "dinastía familiar" que otorga la seguridad de pertenecer a un linaje. Este es el arraigo familiar y el sentido de pertenencia del que carecen muchos jóvenes con AMS.

PARTE III
INTERVENCIÓN: *actuando y consolidando*

Intervención:

Trabajando las etapas en el proceso de restauración y sanidad

En los apartados de comprensión y de prevención, hemos situado el problema abordándolo desde la comprensión y el respeto, asimismo hemos analizado la sociedad compleja en la que nos toca vivir, la crisis de la masculinidad, y hemos profundizado en los factores de riesgo y en las distintas etapas que llevan a la consolidación de una identidad homosexual, pasando por situar la sexualidad en su contexto adecuado y sin olvidarnos de reforzar el valor innegable de la familia y sus bases troncales, como uno de los principales antídotos contra la modernidad líquida y su doctrina de género.

Ahora, y en el apartado de intervención, vamos a trabajar las distintas etapas por las que debe pasar toda persona que quiera revertir su condición de homosexual o su atracción al mismo sexo no deseada. Como líderes o agentes pastorales en general, debemos ser conscientes de la complejidad y del largo proceso que se inicia en la restauración de estos casos. Seguiremos pautas parecidas a las que se siguen para cortar con una conducta adictiva, por lo tanto habrá momentos de victoria y otros de derrota, pues de igual modo que para asumir una identidad homosexual se necesitaron años, para revertirla no podemos esperar hacerlo en unas cuantas sesiones. Esto es un auténtico "trabajo de campo" que incluye tocar todas las áreas de la persona: espíritu, alma y cuerpo, en un proceso de sanidad espiritual, emocional y conductual, en el que no hay que tener prisa, más bien paciencia, perseverancia y sobretodo mucha esperanza. La Palabra de Dios dice en II Cor.5:17: *Si alguno está en Cristo, nueva criatura es, las cosas viejas pasaron, he aquí todas son hechas nuevas*, y en ese "he aquí todas las cosas son hechas nuevas" entra el largo proceso de recuperación hacia la heterosexualidad plena[73].

Se trata de un auténtico proceso de maduración sobre el que la Dra. Moberly tiene algo importante que decir:

Dejar de ser homosexual significa dejar de ser una persona con déficits del mismo sexo. Esto se puede dar únicamente por medio de la satisfacción de dichas necesidades y la solución de las barreras para esa satisfacción. Por el contrario, debe comprenderse muy claramente que frustrar la satisfacción de tales necesidades implica que la persona es obligada a permanecer siendo homosexual. Un homosexual que no practique el sexo homosexual todavía es homosexual. La actividad sexual puede que no sea apropiada para la solución pero la abstinencia sexual no resuelve el problema de los déficits subyacentes. Solo la satisfacción no sexual de las necesidades del mismo sexo puede hacerlo... Muchos consejos a los homosexuales han intentado evitar este proceso de maduración, por implicación. Debe promoverse el proceso de curación de maduración y no bloquearse, saltarse o evitarse. Así, es importante no rezar sobre la homosexualidad directamente sino sobre la satisfacción de las necesidades homosexuales, que, si se realizan realmente, conducirá a la heterosexualidad y sin la que no se podrá conseguir verdaderamente la heterosexualidad[74].

---

[73] O hacia el control de la tendencia en victoria.
[74] Elizabeth R. Moberly "Homosexualidad: una nueva ética cristiana", http://www.pfox.org/ebook_Nueva_etica_cristiana_Moberly.pdf

Por eso, y en un sentido amplio, no se trata exactamente de curar la homosexualidad per se, sino de aprender a satisfacer las necesidades legítimas que la provocaron. Este es un matiz muy importante sobre el que se basan las siguientes etapas en el proceso de restauración y sanidad heteroemocional. Se trata de una sanidad que pasa no por una negación, sino por una satisfacción legítima de esas necesidades de amor y afecto que han sido negadas o arrancadas en el proceso natural de la maduración de niño a hombre.

Etapas en el proceso de restauración y sanidad heteroemocional

No queremos olvidar que el efecto de la AMS no deseada es devastador en la vida de la persona y como ya hemos mencionado, anula por completo el papel del hombre en sus roles principales: identidad de varón, esposo y padre. Para recuperar la identidad de género como hombre en su plenitud heterosexual[75], también hay que seguir un proceso, que básicamente consiste en desaprender conductas y conceptos, para aprender otros. Este proceso debe ser guiado y dirigido por una persona de apoyo que tenga experiencia y sea preferiblemente varón, y que a ser posible comparta nuestra fe y creencia en Dios. El modelo que proponemos es una adaptación del proceso de curación en 4 etapas (al que nosotros añadimos una más), propuesto por el ya mencionado Richard Cohen[76].

---

[75] Seguimos enfatizando que dada la complejidad del tema, la sanidad no es en algunos casos, hacia la heterosexualidad, sino hacia el control de su tendencia, con la que puede convivir toda su vida, pero manteniendo la abstinencia homosexual. De igual forma que muchos hombres deben convivir toda su vida con una tendencia hacia la relación sexual ilícita (masturbación compulsiva, lujuria, pornografía, fornicación...)

[76] Cohen, Richard, "Comprender y sanar la homosexualidad". LibrosLibres , Madrid, 2004 p. 105.

- *RUPTURA E IDENTIFICACIÓN (terapia conductual)*
- Cortar con toda conducta sexual. Medios preventivos.
- Cortar con el ambiente y buscar ambiente alternativo.
- Revitalizar la relación con Dios y cortar toda atadura espiritual.
- Promover el cuidado integral del cuerpo: valoración y autoestima.

- *ARRAIGO Y AFIRMACIÓN (terapia cognitiva)*
- Cambio de patrones negativos de pensamiento.
- Desarrollo de habilidades sociales de comunicación, resolución de conflictos.
- Sanidad del niño interior: curación de pensamientos, necesidades y heridas del alma.

- *SANIDAD DE LAS HERIDAS HOMO EMOCIONALES (terapia reparativa)*
- Identificación y reconocimiento de las heridas relativas al padre u otra figura masculina y pautas de sanidad relacional.
- Seguir desarrollando relaciones sanas y curativas con el mismo sexo, evitando el aislamiento y la soledad.

- *SANIDAD DE LAS HERIDAS HETERO EMO-CIONALES*
- Igual que los puntos anteriores pero aplicados a la madre u otra figura femenina.

- *CONSOLIDACIÓN Y REFUERZO (identidad de género afirmada)*
- Reforzando los cambios internos: revisión emocional.
- Reforzando los cambios externos: revisión conductual.
- Fortaleciendo el desarrollo de la vida espiritual.

Etapas en el proceso de sanidad y recuperación de la AMS

Las distintas etapas que ahora vamos a trabajar deben constituir una guía para el consejero donde pueda ir trabajando con la persona con AMS todos los puntos que se van planteando, pudiendo estos solaparse o alargarse en las distintas etapas. Es decir, constituye una guía flexible de aspectos que deben ir saliendo y que conforman las piedras en la corriente de nuestra sexualidad. Recordemos que a medida que las vamos identificando, sanando y quitando, poco a poco la corriente natural de la heterosexualidad vuelve a su cauce original.

Desde luego cada etapa no debe constituir una sesión por sí misma, pudiera ocurrir y de hecho será lo más probable, que determinados aspectos de la primera entrevista no se puedan concluir y necesiten seguir siendo trabajados en posteriores sesiones. El modelo de persona con la que vamos a trabajar estos puntos a nivel de explicación teórica, corresponde al perfil de un joven con AMS que vive con sus padres, dado que serán los casos más frecuentes que llegarán a nosotros. Si los casos reales que el lector tenga que trabajar corresponden a otro perfil, por ejemplo un joven de 30 años que vive solo, o incluso un hombre casado, se siguen las mismas pautas en lo general y se obvian otras, que puedan ser más privativas del modelo de caso que elegimos.

En la primera entrevista pueden ocurrir dos cosas: que la persona venga nerviosa y reticente, o bien que venga muy motivada por haber dado el paso y decidirse a trabajar su historia, o incluso una mezcla de ambas cosas. Lo primero es crear un clima de confianza y aceptación, asegurándole al aconsejado que nada de lo que se hable saldrá de la sala de consejería, que se sienta con libertad de contar su propia historia y que en ningún caso será juzgado o criticado por lo que pueda revelar. Por ello es necesario que la persona se sienta comprendida y aceptada. Después de contar su experiencia y abrir su corazón en aspectos dolorosos, es necesario devolverle palabras de ánimo y esperanza.

Vamos entonces con la primera de las etapas por las que habrá que ir pasando y que exigirá de la persona una total implicación, compromiso y voluntad de cambio. Estas etapas, como ya hemos comentado, pueden sucederse a lo largo de varias sesiones con el aconsejado, e irán acompañadas de la puesta en práctica de las distintas herramientas y ejercicios que componen el protocolo de intervención que más adelante detallaremos.

Primera etapa.

Ruptura e identificación *(terapia conductual)*

Cortando con toda conducta sexual. Medidas preventivas

Cortar con la conducta sexual. Lugares, compañeros, objetos, webs, etc. Es el primer paso que evidencia el compromiso y promueve un cambio real de conducta. Este es el paso más difícil para la persona con AMS pues implica romper de forma radical, y si el joven ha estado muy involucrado, tendrá hasta un sentimiento de traición y falta de lealtad al romper relaciones. Habrá incomprensión, y hasta claro rechazo del grupo homosexual, pero en realidad es lo que se pretende pues debe haber una auténtica ruptura. Quiere decir que debe romper con todo vestigio de relación homosexual en lo relacional y en lo personal: instalar un filtro antipornografía[77] en su ordenador y móvil o tablet, borrar contactos del móvil o incluso cambiar el número, valorar si borrar cuentas o amistades en redes sociales, faceboock, twiter, etc.

Otro aspecto importante es la revisión médica de enfermedades de transmisión sexual, para descartar o quizás confirmar, la presencia de distintas infecciones venéreas o incluso del sida.

---

[77] También llamados filtros de control parental, existiendo en el mercado una amplia oferta. Se puede obtener a través de la web de Enfoque a la Familia.

Esto es un trago difícil por el que la persona debe pasar cumpliendo un doble objetivo. Por un lado ser consciente de las graves consecuencias que comporta la práctica homosexual, y por otro descartar o confirmar la presencia de alguna de las mencionadas enfermedades para proceder a su inmediato tratamiento.

Buscando y reforzando ambiente alternativo

Desarrollar una red de apoyo. Cuando el joven corta con su antiguo ambiente se encuentra en un vacío, ha perdido su nido social de referencia y necesita con urgencia encontrar otra red de apoyo. Se trata de salir de un ambiente para entrar en otro. Urge una cobertura familiar, social y espiritual, que le provea de nuevos afectos y lealtades. Los padres, si el joven vive con su familia, deberán respetar la independencia y trabajo del agente pastoral estando dispuestos a colaborar y manteniendo una actitud de apoyo incondicional hacia su hijo. Se trata por tanto de construir una red de apoyo que alimente todas las necesidades emocionales que proveía el antiguo entorno, dando importancia a la figura del varón, sea en su papel de padre, amigo o mentor. Se debe potenciar la búsqueda de referentes masculinos y vincular al joven, sobre todo con un entorno de heterosexuales sanos que refuercen su sentido de pertenencia y lealtad al nuevo grupo.

Si el joven, o el adulto, con AMS asiste a una iglesia, es necesario que se involucre en actividades con el grupo de jóvenes o con otras personas de su edad. Si es necesario y se ve oportuno, incluso al líder de jóvenes se le puede hacer partícipe de la necesidad que tiene el aconsejado de relaciones sanas y lúdicas con otros jóvenes. Es decir, aquí hay que saber suplir la necesidad legítima de relación que el joven tenía cubierta en su antiguo núcleo de amigos no favorable. Esto es importante porque puede existir el error de creer que el joven con AMS, cuando corta con su antiguo núcleo pernicioso, no debe relacionarse con otros chicos pues podría caer en la tentación de erotizar dichas relaciones.

La persona con AMS no debe dejar de relacionarse con las personas del mismo sexo, sino aprender a satisfacer sus necesidades emocionales de forma profunda y completa sin que ello implique atracción o actividad sexual. La condición homosexual no implica necesidades anormales, esto es clave, sino muy al contrario necesidades normales que, anormalmente, no han sido satisfechas en el ordinario proceso de crecimiento. Por ello las necesidades como tales son normales y legítimas. Es su falta de satisfacción por un lado o su satisfacción desde el aspecto sexual, por otro, lo que es anormal y perjudicial. De ahí la importancia de que en esta etapa se siga socializando y buscando relaciones sanas con otros jóvenes.

Revitalizar la relación con Dios y cortar toda atadura espiritual

Alimentar la relación con Dios. Desde el plano espiritual la conducta homosexual es pecado[78], y como tal, nos aleja de Dios y facilita que el enemigo de nuestras almas tome control y establezca fortalezas que habrá que derribar. La lucha espiritual es real y fortísima pues las ataduras en aspectos sexuales pueden ser particularmente adictivas. Tenemos que asumir el hecho y la realidad de que muchos jóvenes cristianos que abandonan conductas de AMS no deseadas, tienen que ser liberados de fuertes opresiones demoníacas. Por eso dentro del proceso de sanidad interior en homosexualidad, habrá que trabajar, muy probablemente, con guerra espiritual y liberación. Para ello el agente pastoral deberá contar, si no tiene experiencia en el tema[79], con

---

[78] La conducta es pecado, pero no la inclinación.
[79] Y aun teniéndola pues para los procesos de liberación es necesaria la cobertura de todo un equipo.

la ayuda de personas equilibradas que trabajen y sepan ministrar en estos campos.

La liberación de ataduras, es decir cortar con "lo malo" en el plano espiritual, tiene que venir reforzado con la práctica de "lo bueno". Se hace necesaria una relación personal y diaria con Dios que fortalezca espiritualmente a la persona y le otorgue el poder y la autoridad espiritual para ser vencedor y mantener su posición en Cristo. Sobre todo cuando vengan momentos de debilidad y tentaciones de la vieja vida. Mantener un tiempo devocional personal y diario debe ser parte de la terapia de afirmación que debemos prescribir a nuestros aconsejados[80].

Promover el cuidado integral del cuerpo: valoración y autoestima

La vida espiritual también incluye cuidar y alimentar adecuadamente nuestro cuerpo como templo del Espíritu Santo. El ejercicio físico aparte de los beneficios que comporta, libera dopamina, reduce el estrés, nos pone en contacto con los nutrientes naturales como el aire, el sol, el viento, tonifica nuestro cuerpo en general y nos ayuda a normalizar la socialización del joven, cuando ese ejercicio se realiza en grupo y en ambientes netamente masculinos. Si nuestro aconsejado hace deporte en un gimnasio, o juega al fútbol en un campo deportivo, el simple hecho de desnudarse en el vestuario junto a otros hombres, debe ayudarle a normalizar y reafirmar su masculinidad.

La sana alimentación también es importante, bien por la necesidad de bajar peso que pueda tener la persona, o bien por empezar a tomar control de un área más, que tiene que ver con el cuidado y el buen trato hacia su propio cuerpo. Por

---

[80] Cuando son creyentes, claro está.

tanto, ejercicio y dieta equilibrada también entran dentro de las tareas prescriptivas para que el joven recupere confianza y autoestima. Se trata de ir fijando rutinas y hábitos sanos que siempre confieren estabilidad.

En esta etapa, y dentro de las primeras sesiones, se trabajarán algunos de los documentos del protocolo de intervención a explicar después, como la ficha inicial de datos, el genograma o mapa familiar de la persona, el esquema para identificar los factores de riesgo, el inventario de su historia familiar, etc.

Segunda etapa.
Arraigo y afirmación *(terapia cognitiva)*

Renovando patrones negativos de pensamiento: inteligencia emocional

Seguir reforzando la red de apoyo anterior y la relación personal con Dios. Cuando estamos en el proceso de cambiar patrones de conducta homosexuales hay que trabajar con las emociones y los pensamientos. Habrá que desarrollar habilidades emocionales que le ayuden a uno a regular sus sentimientos mediante un entrenamiento donde se aprenda dominio propio. Se trata del pensamiento positivo y la inteligencia emocional tan de moda actualmente, y sobre los cuales la Palabra ya nos insta a perseguir en Filipenses 4, donde bajo el título de "en esto pensad", se nos dice: *todo lo que es verdadero, todo lo honesto, todo lo justo, todo lo puro, todo lo amable, todo lo que es de buen nombre..., en esto pensad..., y el Dios de paz estará con vosotros.* A esto contribuye la lectura de libros que nos ayuden a cambiar el patrón mental negativo, y que debemos prescribir al aconsejado.

Se trata de aplicar un nuevo patrón de disciplina mental, un nuevo guión de vida basado en II Cor.10:4-5 donde debemos ejercitarnos en saber llevar *todo pensamiento cautivo a la obediencia a Cristo*. Hay que establecer un nuevo esquema de pensamiento que discipline la mente para, no solo no caer en la tentación de alimentar fantasías homosexuales, sino para romper los mecanismos de compensación que se producen ante situaciones de estrés, enfado, cansancio o desaliento. En cuyos casos, la tendencia al principio, es compensar el dolor o la carencia que se siente, mediante la gratificación de patrones adictivos (lujuria, masturbación, pornografía, etc.)[81] Esto es lo que llamamos disparadores emocionales y disparadores ambientales, que ampliaremos más adelante y que asimismo cuando trabajemos los documentos del protocolo, veremos cómo lo podemos entregar al aconsejado en forma de tarea.

Desarrollo de habilidades sociales de comunicación y resolución de conflictos

Otro aspecto importante es la sanidad interior o emocional, sobre aquellos aspectos de la infancia donde el niño interior ha sido herido y sigue manifestándose en el adulto. Nos referimos al "niño interior" utilizándolo como una metáfora de esas heridas producidas en la niñez. El niño interior está escondido en el inconsciente de cada uno de nosotros y guarda experiencias dolorosas de nuestra infancia que debemos identificar y superar. La Palabra de Dios hace mención a la necesidad de crecer y madurar en esos aspectos de nuestra infancia: *Cuando era niño hablaba como niño, pensaba como niño, juzgaba como niño, más cuando ya fui hombre dejé a un lado lo que era de niño[82]*. En el inventario o historia personal que el aconsejado debe rellenar y trabajar, saldrán recuerdos y

---

[81] Esta pauta opera para cualquier tipo de adicción.
[82] I Cor.13:11.

vivencias que revelarán la presencia del "niño herido" y por lo tanto podremos trabajar y sanar[83].

El trabajo con el niño interior tiene mucho que ver con el análisis transacional. Se trata de un sistema de psicoterapia que trabaja con la personalidad y las relaciones humanas, buscando facilitar el análisis de las formas y maneras en que las personas se relacionan entre sí, mediante interacciones entre los estados que se denominan como: yo Padre, yo Adulto y yo Niño. De esta forma mediante el "yo padre" aflora nuestra *capacidad* de cuidado y protección, mediante el "yo adulto" aflora nuestra *capacidad* para ser independientes y maduros, y mediante el "yo niño", aflora nuestra *necesidad* de buscar y recibir cuidado y atención. Es aquí donde trabajamos con el niño interior para buscar sanidad, equilibrar los estados del yo padre y yo adulto, y como consecuencia conseguir crecimiento integral.

Aunque esto que estamos comentando pudiera pertenecer al anexo donde explicaremos algunas herramientas del protocolo de intervención, consideramos pertinente mencionarlo ahora. Para identificar y sobre todo para acceder al mundo del niño interior, existe una técnica denominada "el poder de la mano no dominante" que nos permite conectar con nuestro niño interior y sanar las heridas. Según Lucía Capacchione, el escribir con la mano no dominante, seamos zurdos o diestros, permite el acceso directo a las funciones cerebrales del hemisferio derecho. La mano no dominante expresa sentimientos más directos y objetivos que nos hacen profundizar en niveles de instinto y memoria emocional, donde está escondido el niño interior, es decir el "yo niño", y que al no tener resueltas determinadas heridas emocionales, sigue condicionando y "molestando" el desarrollo del yo padre y del yo adulto.

_____

[83] Añadiremos en la bibliografía libros que trabajen la sanidad emocional del niño interior.

Cuando escribimos un diálogo entre nuestro niño interior (a través de nuestra mano no dominante) y nuestro yo adulto (a través de nuestra mano dominante), es como si los dos hemisferios de nuestro cerebro estuvieran expresándose de forma separada, y por tanto nos es más fácil identificar y separarnos del yo adulto que controla y razona, tapando al niño interior, y ver de forma objetiva y externalizada la realidad del niño interior y sus emociones heridas[84].

Tercera etapa.
Sanidad de las heridas homo y hetero emocionales
(terapia reparativa)

Identificando y curando las heridas relativas al sistema familiar

Como mencionamos en el esquema, en cada nueva etapa debemos seguir trabajando y desarrollando las tareas del punto anterior, y aun observaremos como algunas se solapan en distintos momentos. En esta etapa el aconsejado debe identificar y curar las heridas que tienen por objeto a su padre, a su madre o cualquier otro miembro del sistema familiar. Comenzaremos por la herida del padre o cualquier otra herida provocada por una persona significativa del propio sexo, primero en el entorno familiar, y luego fuera si se diere el caso. De nuevo, las heridas profundas tienen que manifestarse primero, para curarlas después mediante el proceso de duelo, perdón y toma de responsabilidades, para por último satisfacer las necesidades de amor que no se han cumplido, dentro de relaciones saludables no sexuales. Aquí debemos identificar la herida que tiene que ver con la reacción defensiva de separación, cuando éramos

---

[84] Para ampliar el desarrollo de esta herramienta ofreceremos en la bibliografía el libro de Lucía Capacchione "El poder de tu otra mano".

niños, causada instintivamente por la falta de implicación del progenitor del mismo sexo.

La represión de sentimientos, al ser un estado de parálisis emocional, provoca que sentimientos de ira, culpa, vergüenza o miedo, se enquisten en nuestra alma perpetuando reacciones que dificultan nuestro normal desarrollo madurativo. Es aquí donde se manifiesta la doble y ambivalente lucha interna de la que hablamos al principio, la exclusión defensiva y el impulso reparativo. Y como no, también donde resurge con fuerza el niño interior herido. Esto provoca que al reprimir nuestros sentimientos y como mecanismo defensivo, desarrollemos habilidades en una huida hacia adelante intentando enterrar el dolor[85]. Aquí surgen la doble personalidad, el perfeccionismo, el temperamento defensivo de aparente alegría, extroversión y aires de fiesta, que caracterizan a muchas personas homosexuales, y que lo que tratan es de poner una fachada de "todo está bien" para ocultar el niño interior herido y así poder sobrevivir al dolor. Esta es la piedra que hay que identificar y sanar.

Interviniendo en el proceso de sanidad en otras heridas relacionales con el mismo sexo

Pero no solo se trata de descubrir las causas profundas de la herida del padre. Sino también descubrir y sanar las heridas producidas con otras figuras masculinas que nos causaron dolor: hermanos, vecinos, compañeros de cole, etc.[86]. De forma que este es el proceso adecuado de crecimiento interior, que se da cuando el varón descubre y sana las causas profundas de la herida del padre, aprende a aumentar su sentido de autoestima adquiriendo nuevas habilidades y experimentando su propio valor dentro de

---

[85] Esta es la causa de muchas enfermedades psicosomáticas, cuyos síntomas son físicos pero su origen es emocional.

[86] Esta es la etapa donde se debe sanar toda posible herida provocada por abuso sexual o erotización traumática.

la relación con Dios. Se favorece así el resurgir de las necesidades legítimas de amor que permanecían insatisfechas. A partir de aquí la persona da un salto importante en la capacidad para desarrollar relaciones sanas y curativas con personas del mismo sexo.

Asegurando el desarrollo de relaciones sanas y curativas con el sexo opuesto

Volviendo al sistema familiar nuclear, y después de trabajar las heridas relativas al padre u otra persona del mismo sexo, ahora se debe producir la curación de las heridas hetero-emocionales. En este caso, los hombres deben sanar en primer lugar las heridas relativas a sus madres, y después cualquier otra herida provocada por una persona significativa del sexo opuesto. Aquí se trata de trabajar aspectos como el vínculo excesivo con la madre, el rechazo emocional de la madre, o incluso abusos sexuales. Las pautas operan igual que en el proceso anterior pero en este caso para el progenitor del sexo opuesto. Ya lo hemos dicho, las heridas interiores primero hay que sacarlas a la luz para después curarlas. La última parte de esta fase consiste en suplir las necesidades de amor que no han sido satisfechas dentro de relaciones sanas y no sexuales, llenando así los vacíos en el desarrollo de la persona.

Es decir aquí es muy importante que el aconsejado se vaya sintiendo cómodo en su relación con las mujeres, como ya hemos dicho sin pretender que aparezca ningún deseo sexual hacia ellas, pues esto vendrá más adelante de forma natural y como consecuencia de la afirmación de la propia masculinidad. El aconsejado debe conocer y tratar al sexo opuesto, "desde el otro lado", o sea desde el punto de vista de un hombre afirmado en su identidad de género.

Este apartado es de vital importancia pues las heridas relativas a los padres provocan importantes bloqueos, auténticas piedras que impiden el fluir natural de la corriente heterosexual. La auténtica llave para que la sanidad opere de forma efectiva es el perdón. Esta es la herramienta terapéutica por excelencia de todo agente pastoral. El perdón trae libertad, rompe cadenas, libera a la persona de la amargura y el dolor, permitiendo que el consuelo y el amor de Dios fluyan renovando el alma. Al respecto Richard Cohen afirma:

> *Después de liberar la toxicidad emocional, experimentará un gran sentimiento de consuelo. La atracción por el mismo sexo está conectada con las heridas. Cuando el muro cae, el amor entra dentro y la persona experimenta su propia identidad de género[87].*

Cuarta etapa.
Consolidación y refuerzo *(identidad de género afirmada)*

En la etapa de consolidación no se trata tanto de aplicar nuevos conceptos, sino de reforzar los ya mencionados, para apuntalar bien todas las tareas prescritas. Sin embargo habrá que trabajar en los cambios internos que tienen que ver con las emociones, y los cambios externos, que tienen que ver con la conducta. Explicamos esto:

Reforzando los cambios internos: *revisión emocional.* Este es un ejercicio de autoevaluación que tiene que ver con identificar aquellos estados de ánimo, situaciones, o aun lugares, que activan en la persona con AMS un deseo de compensación, que "dispara" la necesidad de gratificación sexual (masturbación, pornografía, lujuria, contactos sexuales). Lo que llamamos "disparadores ambientales" y "disparadores emocionales".

Los primeros (ambientales) ya los habremos trabajado en la primera o primeras sesiones y tienen que ver con evitar lugares, programas de tv, personas, música, redes sociales, etc., que nos suponen una tentación. Aquí solo lo volvemos a mencionar a modo de información, y bueno, también de mantenimiento.

---

[87] Cohen, Richard, "Comprender y Sanar la Homosexualidad", op. Cit, p.133.

En cuanto a los disparadores emocionales, tienen que ver con identificar los estados de ánimo que activan la predisposición a la gratificación sexual. Estos se dan en dos aspectos diferenciados, bien por situaciones de frustración: cansancio, ociosidad, soledad, problemas puntuales e imprevistos, estrés, etc., o bien por situaciones de euforia: después de un duro pero fructífero día, un ascenso en nuestro trabajo, una sensación de haber dado lo mejor de nosotros mismos en algún área, orgullo espiritual por creernos capaces y triunfadores, etc.

Reforzando los cambios externos: *revisión conductual.* Los cambios externos deben contar con la ayuda objetiva de alguien de confianza al que se le permita hacer observaciones en estos aspectos. Normalmente dicha persona será el agente pastoral, pero este puede delegar o extender la responsabilidad de dicha tarea a los propios padres, u otra figura de autoridad, para que la labor de supervisión y mantenimiento vaya más allá de las sesiones con el consejero[88]. Nos referimos a la necesidad de revisar todo lo que tiene que ver con su apariencia exterior: forma de vestir, forma de comportarse en su comunicación gestual y concretamente en el aspecto de formas de caminar, gestos amanerados, posturas femeninas, etc. Aquí es importante que el aconsejado logre "ver desde fuera" esos posibles restos de afeminamiento que pudiera tener, y de esta forma poder ensayar un comportamiento más varonil. Es cierto que en muchos casos, el simple hecho de reafirmarse en su identidad de género al trabajar la afirmación de su masculinidad, provoca de forma automática la desaparición de esa "gestualidad suave". En cualquier caso nunca está de sobra revisar estos aspectos.

Por otro lado y en el proceso de consolidación, hay que seguir reforzando la autoestima y la valoración personal con ejercicio, dieta y cuidado personal en general. Animar al

---

[88] Sin que esto implique las observaciones al aconsejado de varias personas a la vez, pues esto puede provocar susceptibilidad y rechazo por parte del aconsejado.

aconsejado a seguir vinculándose con Dios, con uno mismo y con relaciones saludables desde su propio género. También debe continuar con la lectura de libros y material que refuerce lo ya trabajado en su historia personal, y sigan fortaleciendo y ayudando a renovar su mente. Con todo esto lo que tratamos es de conseguir control y dominio propio en la persona. Lo que en psicología se llama *inteligencia emocional o asertividad*, y en la Biblia se llama *mansedumbre*, y tiene que ver con la gestión adecuada de nuestros pensamientos y sentimientos.

Fortaleciendo el desarrollo de la vida espiritual

Volviendo a la relación personal con Dios que mencionamos en la primera etapa, es importante que la persona normalice en el día a día un tiempo para el devocional personal. Esto que comenzó siendo una tarea prescriptiva, ahora debe asumirse como un hábito o mejor dicho un estilo de vida, donde el aconsejado busque entrar en la presencia de Dios procurando pensar y sentir a Dios como un padre. Cuando nos falta el escalón natural de la paternidad (y a la gran mayoría de chicos con AMS les falta, constituyendo ese hecho una de las grandes piedras en la corriente) a veces se puede hacer difícil ver a Dios como el padre celestial. Por eso es importante que nuestro aconsejado busque la presencia de un Dios cercano, amante, comprensible, sin juicio, que se experimente como el padre del hijo pródigo y su abrazo paternal en el reencuentro.

Debido a veces a los sentimientos de culpa o a recaídas puntuales, muchas veces la persona se condena pensando que ha traicionado a Dios, o que siempre acaba fallando. En estos casos y aparte de explicar que las recaídas entran dentro de un proceso "normal" de crecimiento y consolidación[89], hay que

---

[89] Por supuesto sin que eso suponga una licencia para tomárselo a la ligera o banalizar la recaída.

profundizar en el concepto de la gracia de Dios. Las personas con AMS han sufrido en la mayoría de los casos incomprensión y rechazo, y por lo tanto pueden ser muy vulnerables a todos estos aspectos que conforman la falta de aceptación. De ahí que la gracia de Dios tienen que entenderla en toda su dimensión de aceptación incondicional, ternura y cariño paternal.

La persona debe buscar su propio lugar seguro, cualquier rincón en su casa donde pueda sentirse cómodo y buscar espacios de intimidad con Dios. Deben ser momentos de serena reflexión, sin prisas y procurando entrar en el santuario de la presencia de Dios. A veces esto se puede hacer difícil porque nuestra mente a la "occidental", no está programada para la contemplación y la introspección. De hecho bajo la mentalidad mercantilista de Occidente, esto puede ser visto como una improductiva pérdida de tiempo. Ese concepto de tiempo es el que en griego se denomina *kronos*. Pero la Biblia fue escrita bajo una mentalidad oriental donde el tiempo se mide en su calidad, no en su rentabilidad, y donde la contemplación y el saber "apearse" del activismo moderno, lleva a un estado de tranquilidad sin ruidos exteriores, donde es más fácil escuchar el silbo apacible de la presencia de Dios. Este es el tiempo *kairos* más profundo y reflexivo[90]. El alimento espiritual mediante el cual recibimos fuerza y poder, es algo imprescindible para normalizar una vida en victoria. Con esto finalizamos las 5 etapas en el proceso de sanidad y recuperación de la homosexualidad.

Volver a enfatizar que dichas etapas no son automáticas ni se dan en un proceso lineal y consecutivo, desde luego exigen muchas sesiones en las que se pueden solapar las tareas específicas de cada etapa. Lo importantes es ir completando todo el proceso. Se trata de una labor multidisciplinar, lo que quiere decir que el agente pastoral debe contar con la ayuda o con

---

[90] Es el mismo concepto recogido en muchos salmos bajo la palabra *selah*, que nos habla de pausa y silencio.

la responsabilidad del aconsejado para que este busque otras redes de apoyo en aspectos de mentorado y búsqueda de amistades sanas. Tanto en primer lugar con los hombres como con las mujeres, y asimismo relación con otras figuras que sean referentes de autoridad y que también le transfieran paternidad, afectividad y por tanto una adecuada masculinidad. Es decir que debe producirse poco a poco una equilibrada independencia donde el aconsejado cada vez necesite menos la muleta del consejero, evitando así una posible dependencia emocional.

Mencionar también que el consejero debe ser consciente que en el proceso de acompañamiento a una persona con AMS, primero debe mentalizarse de que será un camino largo que va a incluir momentos de euforia y victoria, otros de caídas y desánimo, lo que llamamos el ciclo de esperanza/desilusión. El consejero tendrá que asumir que en muchas ocasiones su papel puede ser de pastor, de mentor, de padre, de confesor y aún de amigo. Se debe tener especial atención a que no se produzca una transferencia emocional por parte del aconsejado, que pudiera llegar a dependencia y fusión emocional.

Anexo I

Sexualidad desconectada y consejos adicionales

Somos conscientes que una gran parte de las personas con AMS luchan con problemas derivados de su sexualidad desviada. Problemas de lujuria y fantasías mentales que llevan a una auténtica distorsión de la realidad. El consumo de pornografía o contactos virtuales en foros gay dentro de las redes sociales, van normalmente acompañados de masturbación compulsiva o de contactos sexuales reales con cualquiera que se preste. Todos estos aspectos, muchos de ellos de índole adictivo, debemos trabajarlos, indagando además en sus causas, consecuencias y proceso de sanidad.

Dado que los problemas derivados de una sexualidad desviada no atañen en exclusiva al mundo homosexual, los vamos a tratar dentro del plano general de la vida del hombre, independientemente de su edad, estado, inclinación sexual o identidad de género. Asimismo y como agentes pastorales no podemos obviar las indicaciones de la Palabra de Dios, que enmarca y dignifica la sexualidad dentro de unos parámetros bien definidos, y que por lo tanto cuando los descuidamos, sufrimos graves consecuencias. De todo ello hablaremos en este primer apartado del anexo.

La influencia de una sexualidad líquida y desconectada

Para que seáis irreprensibles y sencillos, hijos de Dios sin mancha en medio de una generación maligna y perversa, en medio de la cual resplandecéis como luminares en el mundo[91].

Dentro de una supuesta normalidad en la heterosexualidad masculina, aun para todo varón y en la lucha contra la corriente de esta sociedad líquida y mutante, una de las cascadas más difíciles de saltar mediante la que el enemigo intenta arrastrarnos, es la erotización de los medios de comunicación y la perversión del don de la sexualidad. Si esto es así para un chico con una sexualidad normalizada, cuanto más, para un joven con AMS activo sexualmente[92]. Las fuerzas del mal son muy conscientes que el alma del varón es especialmente vulnerable a la atracción de una sexualidad desconectada del soporte de lo afectivo y de la base del compromiso. Cuando el hombre se deja llevar por sus instintos primarios y cede a la tentación, a la fascinación de lo erótico y sensual, su marco ético se derrumba, el sentimiento se hace más poderoso que la convicción y sucumbe al pecado. Salomón, quien sufrió en carne propia las

---

[91] Fil.2:15.
[92] Hacemos la aclaración de "activo" pues como ya hemos mencionado hay personas que aun teniendo la tendencia, no la practican.

consecuencias del pecado sexual, lo describe en Proverbios con la claridad que da la experiencia:

Lo rindió con la suavidad de sus muchas palabras. Le obligó con la zalamería de sus labios. Al punto se marchó tras ella, como va el buey al degolladero, y como el necio a las prisiones para ser castigado; como el ave que se apresura a la red, y no sabe que es contra su vida, hasta que la saeta traspasa su corazón[93].

Es como si el hombre sufriera un encantamiento, una nube de fantasía, donde como si de un niño se tratara, cae preso a merced del enemigo. Por eso hablamos de una sexualidad degradada y por tanto desconectada de la realidad y privada de los límites de la razón, el compromiso y la responsabilidad. En esta área tenemos que estar muy vigilantes, hay que medir muy bien las consecuencias de nuestros actos para que la lealtad a Dios, sea más fuerte y poderosa que la tentación. Es el mismo principio del hijo pródigo que después de caer en lo más bajo "vuelve en si" y como si de un estado de locura transitoria se tratase, se da cuenta de lo que ha hecho, de dónde el deseo y los antojos de su corazón le han llevado, y entonces regresa a casa arrepentido.

En la inmensa mayoría de los hombres, al menos en las primeras fases de nuestro proceso de santificación, hay un fuego oculto hacia lo sensual que nos puede paralizar haciéndonos ser permisivos y consentidores. Sí, admitámoslo, en momentos de debilidad espiritual a casi todos nos atrae la fruta prohibida, y si cuanto más pervertida, más prohibida, todavía tiene mayor poder de seducción y atracción. Esto es así porque nos conecta, tanto en el caso de varones heterosexuales como homosexuales, con sentimientos que pertenecen al corazón de todo hombre y al ritual de conquista: emoción, riesgo, atracción al cortejo.

---

[93] Las artimañas de la ramera Prov.7:21-23.

Es la historia de nuestra vida, la búsqueda de un equilibrio entre acción y sensatez, pues la corriente de la sexualidad bien enfocada y expresada en su cauce natural, es una bendición y fuente de satisfacción. Pero desviada de su curso normal, es una maldición con consecuencias nefastas.

Vivimos bajo la cultura del hedonismo y la modernidad líquida, donde ya no se busca la satisfacción de los deseos, sino la sofisticación y la perversión de los mismos. En ese caldo de cultivo hemos depravado y embrutecido la sexualidad hasta límites insospechados. La impureza sexual en cada una de sus perversiones, es una de las grandes armas de Satanás y entra dentro de las 3 "f" de las que todo hombre debe librarse (*faldas, finanza, fama*), son 3 fuentes de poder que corrompen el alma del varón. En realidad no tenemos más que echar un vistazo general a la Biblia, para comprobar como grandes hombre de Dios fueron tentados y corrompidos en estas tres esferas y por el mismo orden: el área sexual, la avaricia y la codicia.

Parafraseando al psiquiatra Aquilino Polaino, mencionamos 3 rasgos característicos de la cultura erotizada en la que vivimos:

1. *La reducción de la sexualidad al componente del placer.* Degradando el don de la sexualidad a un instinto animal y egoísta, que abre la posibilidad de convertirlo en toda una adicción.
2. *La fusión de géneros que deslinda la distinción de sexos.* Abriendo la puerta y legitimando manifestaciones ilícitas de la sexualidad: homosexualidad, transexualidad, polisexualidad o pansexualidad, y dejando sin fronteras las marcas genéricas que deben distinguir y singularizar al ser humano como hombre y mujer.
3. *El transfugismo sexual que atenta contra la identidad de las personas.* Es decir, la fusión de géneros provoca por un

lado el abrir la puerta a otras formas ilícitas de vivir la sexualidad, y por otro penetra en el área más profunda y sensible del ser humano, trastocando su identidad y nublando su percepción de ¿quién soy realmente?

Trabajando los daños colaterales: lujuria, pornografía, masturbación

Pasamos ya a analizar la problemática de los pensamientos lujuriosos, la masturbación compulsiva y el consumo de pornografía. Como ya hemos mencionado, el poder de seducción del pecado es grande, y la sexualidad ilícita y depravada produce una corriente fortísima de placer lujurioso y adictivo. La Biblia nos habla de los deleites temporales del pecado en He.11:25. ¿Cómo es posible? ¿Puede el pecado producir placer y deleite? Por supuesto que sí, de hecho ese es su poder de atracción. El pecado produce un placer ilegítimo y carnal que siempre es temporal y acaba dando a luz a la muerte, pues "el pecado siendo consumado da a luz la muerte"[94]. Dentro de las obras de la carne en Gálatas 5, las primeras mencionadas tienen que ver con la sexualidad desviada. Aquí observamos como siempre el enemigo suplanta algo legítimo en su origen, en este caso el placer, y lo pervierte para convertirlo en una obra de la carne, en un pecado. Este concepto lo explica bien C.S. Lewis en su libro "Cartas del diablo a su sobrino":

Ya sé que hemos conquistado muchas almas por medio del placer. De todas maneras el placer es un invento Suyo [de Dios], no nuestro [de los demonios]. Él creó los placeres; todas nuestras investigaciones hasta ahora no nos han permitido producir ni uno. Todo lo que hemos podido hacer es incitar a los humanos a gozar los placeres

---

[94] Stg.1:15.

que nuestro Enemigo ha inventado, en momentos, en formas, o en grados que Él ha prohibido[95].

La lujuria

Biológicamente el hombre fue diseñado para que su llave de ignición sexual sea la vista. El hombre se excita por lo que ve, y dado que "la lámpara del cuerpo es el ojo"[96], es mucho más fácil que la lujuria ataque principalmente al sexo masculino, a los hombres. Aunque es cierto que otro de los signos de esta sociedad donde se le da la vuelta a todo, es la realidad de que las mujeres están asumiendo comportamientos sexuales tradicionalmente asignados al varón. Pero no se trata de una superación cultural de roles de género propia de la modernidad líquida, sino de una perversión del orden natural en base a como Dios nos creó en el principio. En ese orden natural y reafirmando que la llave original para la excitación masculina es la vista, la Palabra es clara: *"Yo había convenido con mis ojos, no mirar con lujuria a ninguna mujer"[97].*

Estamos en disposición de afirmar que el 90% de los hombres, sean heterosexuales u homosexuales tienen que resolver en sus vidas el asunto de los pensamientos impuros y la lujuria. Partiendo de esta realidad, hay muchos hombres que superan la prueba, toman decisiones, sujetan su carne y disciplinan su mente *llevando cautivo todo pensamiento a la obediencia a Cristo[98]*, ese es el camino, con luchas, pero en victoria. Pero muchos otros, viven en derrota, arrastrando la batalla contra la lujuria en sus diversos grados de intensidad, y algunos, tristemente durante

---

[95] Lewis, C.S. "Cartas del diablo a su sobrino", RIALP, Madrid 1993, p.52.
[96] Mt.6:22; Lc.11:34.
[97] Job 31:1 NVI.
[98] II Cor. 10:5.

toda su vida, en una alianza con el pecado y en una religiosidad cómoda y sin compromiso con la Verdad. Por no mencionar las puertas que esto abre para que el enemigo establezca fortalezas en las vidas de muchos hombres creyentes. Si esto ocurre para muchos hombres heterosexuales, podemos imaginar el grado mayor de perversión en el que inciden muchos homosexuales, con el agravante compulsivo de una incesante búsqueda de su identidad de género confundida.

En la primera carta de Juan (2:16) queda establecida para la vida del creyente la lucha en esas características universales de la tentación: "Porque todo lo que hay en el mundo":

- Los deseos de la carne (falta de dominio propio, obras de la carne).
- Los deseos de los ojos (lujuria, codicia, fascinación).
- La vanagloria de la vida (avaricia, orgullo, idolatría).

Por ello la lucha del creyente contra la lujuria, como una de las obras poderosas de la carne, tiene que ver con la búsqueda de la santidad en las áreas del dominio propio y la integridad, aprendiendo a llevar cautivo todo pensamiento a la obediencia a Cristo.

La perversión de la pornografía

Las perversiones sexuales tienen un alto poder de atracción pues como estamos viendo forman parte de las tentaciones básicas del pecado. España ostenta el triste récord de ser uno de los primeros países del mundo en consumo de pornografía. El poder de seducción de la pornografía es muy elevado y reduce el sexo al placer egoísta, privándolo de su dignidad y valor.

El *querer* con sus valiosos matices de entrega y ternura, ha sido sustituido por el *desear* en sus connotaciones egoístas más ligadas al instinto. Se trata de la búsqueda del mayor placer a costa del menor compromiso, y cuando eso ocurre, de "sujeto" se pasa a "objeto", convirtiéndonos en marionetas de esa fuerza destructora. Como vemos, es una trampa manejada por el enemigo y con un altísimo poder de seducción. Opera desde la privacidad de nuestros hogares, y sobre ello ya nos advierte la Palabra claramente: *En la integridad de mi corazón andaré en medio de mi casa, no pondré delante de mis ojos cosa injusta*[99].

Por eso lo opuesto a la lujuria es el amor entregado, el amor que da, que se sacrifica. De ahí que el amor regenera y la lujuria degenera. Agradarse a sí mismo es el principio *egoísta* del placer sobre el que descansa la vida en la carne y el amor homoerótico. Agradar a Dios es el principio *altruista* del placer sobre el que descansa la vida en el Espíritu: *Andad en el espíritu y no satisfagáis los deseos de la carne*[100].

La masturbación: ¿Qué dice la Biblia?

Cuando abordamos el asunto de la masturbación no hay que dramatizar pero tampoco banalizar, pues la masturbación puede llegar a convertirse en un patrón adictivo e iniciarnos en otras prácticas sexuales ilícitas. Ya sea dese el plano hetero u homosexual, la Biblia explícitamente no habla de la masturbación ni la menciona en ninguna parte. Evidentemente sí habla de los pensamientos impuros, la lujuria, los deseos carnales y las fantasías mentales, actividades que en la gran mayoría de los casos (no en todos como veremos) acompañan al acto de masturbarse, pues parece difícil masturbarse en un vacío mental. Éticamente hablando la masturbación es contraria al espíritu de las relaciones sexuales en la pareja. El amor y la intimidad

---

[99] Sal.101:2,3.
[100] Gal.5:16.

sexual son actos de entrega, de buscar en el otro la satisfacción que uno mismo obtiene cuando "nos damos" a nuestro cónyuge. Mientras que la masturbación es un acto egoísta pues se trata de un auto-erotismo que despersonaliza el sexo y lo priva de su componente afectivo, provocando soledad y aislamiento. Según Douglas Weiss[101] existen 3 categorías diferenciadas de masturbación, las contemplaremos desde el plano de la heterosexualidad, asumiendo que para las personas con AMS, pueden darse en un grado mayor de adicción:

Categoría A: En esta categoría ocurre algo casi impensable para nuestra sociedad occidental, pues los hombres que entran en ella nunca se han masturbado. Existen ciertas culturas, sobre todo en Oriente, donde la masturbación es vista como un signo de debilidad, y donde las relaciones sexuales se dan en edades tan tempranas que no hay necesidad, ni a veces tiempo llegada la pubertad, para experimentar con el propio cuerpo la sexualidad latente. Desde nuestra mentalidad Occidental bombardeada por una moralidad sin restricciones, es difícil de creer, pero ocurre.

Categoría B: Comprende mayormente a jóvenes adolescentes, que comienzan a masturbarse de forma natural, es decir no compulsiva, no movidos por la lujuria y conectados consigo mismos. Sienten una pulsión hormonal, una necesidad de conocer su propio cuerpo y su potencial sexual, y se masturban sin necesidad de ningún refuerzo tipo pornografía, fantasías sexuales, etc. Se trata de una función corporal que exploran y que no les causa vergüenza ni culpabilidad frente a Dios, porque no hay compulsión, ni desconexión con la realidad, ni como decimos, ningún refuerzo exterior (o interior) adictivo. No utilizan la masturbación ocasional[102] para satisfacer necesi-

---

[101] Psicólogo y director ejecutivo del Centro de Psicoterapia Heart to Heart en Colorado Springs, USA.

[102] Hacemos énfasis en "ocasional" pues cuando la masturbación es frecuente, entra el elemento compulsivo, y pasa a adicción entrando en la categoría C.

dades emocionales, lo que ocurre es que cuando ocasionalmente sienten la necesidad, simplemente se masturban, eyaculan y continúan con su vida, sin que ello les suponga un problema en ningún área. Muchos de estos adolescentes abandonan la práctica cuando comienzan las relaciones estables con una pareja, situando la masturbación como parte de algo transitorio, como parte del proceso de crecimiento que se abandona, también de forma natural, con la maduración de la persona.

Categoría C: Es probablemente la categoría en la que se ven reflejadas una gran parte de las personas que se masturban. Las personas que entran en esta categoría utilizan todo tipo de refuerzos y fantasías, desconectándose de su realidad en los planos personal y por supuesto espiritual. Son los jóvenes o adultos que necesitan ver pornografía o cuando menos tener pensamientos lujuriosos mientras se masturban, cayendo muchos de ellos en comportamientos adictivos que evidentemente son pecado, generan culpa, distanciamiento relacional, y distanciamiento de Dios.

Para estas personas el acceder al mundo de la lujuria y la pornografía, supone una desconexión espiritual y emocional en todo lo demás, para así poder entrar en el estado de fantasía que han creado. Este es el principio de la "doble vida". El problema con las fantasías sexuales, o la lujuria, es el que aparte de ser pecado y distanciarnos de Dios, nos hacen vivir fuera de la realidad y nos alejan de ella al presentarnos una falsa "realidad paralela" (todo un mundo fascinante de mujeres u hombres a la carta, siempre dispuestos a satisfacer cualquier capricho, en todo lugar y en cualquier momento). Esto nos coloca en un plano puramente egoísta y solitario, que a la postre nos imposibilita para acceder a relaciones interpersonales sanas y profundas, tanto con nuestros semejantes como con Dios.

Aquí ya hay lujuria y pensamientos impuros, por lo tanto ya hay pecado consciente.

Ya hemos identificado las 3 categorías posibles a la hora de hablar de la masturbación. Ahora nos interesa resaltar que la falta de una clara identidad de quienes somos y la práctica continuada de la masturbación, tienen mucho que ver. Cuando no hay un sentido correcto de nuestra identidad y de nuestra valía como personas, como en el caso de la homosexualidad, hay carencias afectivas que generan necesidad de compensación. Puede ser el caso de la masturbación compulsiva donde en muchas personas se va formando un patrón recurrente de ciclo adictivo, fijado como un mecanismo que se genera como respuesta a situaciones de "frustración o celebración". Se trata de los disparadores emocionales que ya hemos explicado en la última etapa del proceso de restauración y que ahora volveremos a mencionar.

Cuando se activan los disparadores emocionales, mayormente en estados de frustración, podemos caer en la tentación de ante el dolor y el desánimo, buscar una gratificación en la masturbación, que nos compense y "ayude" a mitigar o tapar ese dolor. O bien por otro lado a permitirnos un "pequeño homenaje", después de un duro día de trabajo o aún de ministerio, donde nos hemos entregado y sentido usados por el Señor. Cuando esto se perpetúa en el tiempo, pasa a ser una adicción, pero sobre todo un problema estructural (biológico, psicológico y espiritual) como veremos más adelante. Esta situación genera un sentimiento de culpa y aislamiento que nos hace indignos y no merecedores del amor de Dios.

Como consejeros, y en nuestra labor con homosexuales, tendremos que trabajar en muchos casos, con el problema añadido de la masturbación compulsiva. El compromiso para romper el hábito, debe ir acompañado de una reflexión seria de las causas que lo provocan, y de una estrategia de acción. Todo este proceso ha de ser integrado en la labor de recuperación general, y por ello ha de ser visto como una tarea sistémica, donde al trabajar aspectos del ser integral de la persona (espíritu, alma y cuerpo) muchas de las carencias y compulsiones van perdiendo fuerza a medida que la persona gana autoestima, aceptación y fuerza de voluntad. Dicha estrategia de acción tiene que estar fundamentada en el hecho de que la persona tome conciencia de estar asumiendo un proceso de cambio, y un compromiso por afirmar su identidad. Se recomienda cumplir o perseverar en las siguientes:

1. La persona debe identificar los disparadores emocionales y ambientales que le llevan a la práctica de la masturbación.
2. Filtro y muralla mental defensiva al tomar control sobre los pensamientos[103].
3. La oración y la vida devocional como un hábito normalizado en el día a día.
4. Ejercicio físico que libere estrés y dieta equilibrada que genere autoestima.
5. Mentorado, rendición de cuentas y búsqueda de entornos relacionales sanos.

Analizando cómo opera la adicción sexual en todas las áreas de la persona

Para mantener la victoria en esta batalla, debemos conocernos a nosotros mismos en nuestras respuestas comunes como seres humanos, como varones. ¿Cuál es el órgano sexual más importante del hombre? El cerebro. Por tanto el primer paso en nuestra lucha contra la impureza sexual es conocer cómo somos, cómo opera nuestra sexualidad. Debemos conocer

---

[103] Fil.4; IICor.10:5.

cómo funciona nuestro cerebro en sus respuestas, en sus mecanismos de autojustificación por los que razonamos el pecado y justificamos incursiones esporádicas en el terreno prohibido. La sexualidad tiene dos posibles campos básicos de acción: *Sexualidad externa.* Actos sexuales en los que participa tu propio cuerpo. Pueden ser lícitos cuando involucran a tu pareja heterosexual y se dan en el marco del matrimonio, o ilícitos cuando involucran relaciones de adulterio, fornicación, masturbación compulsiva, prostitución, etc.

Sexualidad interna. Actos sexuales en los que participa tu mente. Pueden ser puros cuando involucran exclusivamente la sexualidad matrimonial. Pero son muchas las personas que viven una sexualidad interna pecaminosa y desconectada de su realidad. Aparentemente en la sexualidad interna no hay mucho riesgo, escapa al control del mundo exterior, es algo más privado y sutil. Sentimientos, fantasías, impulsos sexuales, pensamientos impuros, lujuria mental. Puedes hacerlo sin ser detectado ni aparentemente entrar en riesgo de ser descubierto.

Evidentemente el motor de la sexualidad se activa en primer lugar en nuestra mente, la sexualidad interna es la chispa que activa la explosión:

Ningún hombre llega a ser inmoral en sus hechos, sin primero haber sido inmoral en sus pensamientos. No hay seducción sin coqueteo. Los hombres son seducidos a cometer adulterio con el mundo, después de haber coqueteado con él. El pensamiento ilegítimo da a luz un acto inmoral[104].

Estos dos campos al operar en la misma persona van poco a poco provocando que la sexualidad interna empiece a querer manifestarse en la sexualidad externa. Ante la presión de una sociedad cada vez más depravada donde se normalizan actos

---

[104] Cole, Edwin L. "Hombres fuertes en tiempo difíciles". Ecuador, 2009, p.102.

sexuales cada vez más denigrantes, acabamos consintiendo con incursiones en lo prohibido,como si de un mal menor se tratara, una vía de escape rápida.

El peligro es real y en muchas ocasiones el ciclo adictivo de pecar, arrepentirse, confesar y pecar, deja sin fuerzas a la persona, en una triste mediocridad donde el parásito del pecado va chupando su energía y debilitando su fortaleza espiritual. La Palabra es clara: "Todo lo que el hombre sembrare, eso también segará", ni podemos servir a dos señores, ni permitir que por un mismo caño salga agua dulce y salada, ni ser mediocres ni tibios, so pena de que el Señor nos vomite de su boca[105].

Si alimentamos los deseos carnales que batallan contra nuestra alma, cederemos a la tentación sexual en cualquiera de sus vertientes, dando a luz al pecado en nuestras vidas. Esto trae una degradación en el área física, moral, espiritual y relacional. Ahora vamos a enumerar 4 aspectos o consecuencias de nuestros actos sexuales, que afectan de forma integral a nuestras vidas:

– Grabamos "rutas cerebrales" y establecemos patrones adictivos de pensamiento. – Liberamos químicos que provocan adicción	**Dependencia psicológica y biológica**
– Violamos nuestra identidadcomo Hijos de Dios. – Descendemosen nuestro nivel de consagración estableciéndose fortalezas espirituales.	**Degradación moral y espiritual**

---

[105] Gal.6:7, Apc.3:16.

Las rutas cerebrales y la dependencia psicológica

Cuando alguno es tentado no diga que es tentado de parte de Dios, porque Dios no puede ser tentado por el mal ni el tienta a nadie, sino que cada uno es tentado cuando de su propia concupiscencia es atraído y seducido, entonces la concupiscencia, después que ha concebido, da a luz al pecado, y el pecado siendo consumado da a luz a la muerte[106].

El pecado es un proceso degenerativo que apela tanto a lo cognitivo como a lo volitivo, es decir, degrada tanto nuestro razonamiento lógico, como nuestros sentimientos y emociones. En Génesis, Eva fue tentada en su percepción y sentimientos sobre cómo vio la apariencia del pecado, que le pareció "bueno, agradable, y codiciable", y sobre esa base hizo sus propias decisiones: "tomó de su fruto y comió y dio también a su marido". Los malos hábitos, al igual que los buenos, cuando se practican por un periodo de tiempo prolongado, una vez que se establecen y fijan en el cerebro, se activan casi sin control de nuestra mente. Tus ojos rebotan hacia algo y se activa el motor, es un mecanismo reactivo, llega a ser algo automático que haces sin pensar. Ya se ha establecido una ruta cerebral y esto produce un ciclo adictivo. Práctica continuada, más fijación de hábito, más establecimiento de ruta cerebral = dependencia psicológica.

La dependencia biológica

Las endorfinas son sustancias sintetizadas por el propio cerebro y su secreción es activada, entre otros estímulos, por la relación sexual. Actúan como poderosos mensajeros químicos que viajando a través del sistema nervioso periférico, transmiten una agradable sensación de bienestar, reducen el estrés,

---

[106] Stg.1:13,15.

145

relajan y aportan un efecto sedante parecido al que se produce al consumir opiáceos tipo heroína o morfina. Ahora bien, cuando la relación sexual se da en el marco del matrimonio y del pacto del compromiso, el efecto es sano y altamente recomendable pues tiende a crear un mayor nivel de intimidad en la pareja. Pero, como en el caso que nos ocupa dentro del mundo homosexual, si el orgasmo es producido por cualquier perversión tipo pornografía o prostitución, lo que genera es un alejamiento de la realidad que distancia al sujeto de los conceptos de intimidad y relación, mientras lo vincula con fantasías, y lo aísla en una soledad que intenta mitigar a golpe de más actividad sexual compulsiva. Si antes se generó una adicción psicológica, ahora lo reforzamos con una adicción biológica. Casi siempre van de la mano.

La fusión sexual, es otro aspecto que añade otro "suma y sigue" a las consecuencias del pecado sexual. En la liberación y explosión de placer que produce el orgasmo, aquello a lo que estás mirando y con lo que te estás conectando, sea otro hombre o pornografía, queda pegado a ti y tú a él, en lo que se llama la fusión sexual. Parte de tu intimidad más profunda, sensible y privada, se expone en toda su vulnerabilidad. Si es con tu pareja dentro del matrimonio heterosexual, produce intimidad, si es una relación ilícita produce cuando menos, vacío, y en la mayoría de los casos sentimientos de culpa. La fusión sexual en el caso de la homosexualidad cuenta con el agravante de la carencia afectiva que aumenta el poder pernicioso de la misma.

Degradación moral y espiritual: violamos nuestra identidad como hijos de Dios

Mas a todos los que le recibieron, a los que creen en Su Nombre, les dio potestad de ser hechos hijos de Dios[107]. Esa es nuestra iden-

---

[107] Jn.1:12

tidad, ser Hijos de Dios. Cuando somos conscientes de esa realidad y vivimos de acuerdo a nuestra identidad, se cumple la siguiente regla: *La identidad genera autoridad.* Es como un motor interior que nos provee la energía de lo correcto, la fuerza interior de sabernos en Su voluntad y por tanto la capacidad para vencer la tentación. Cuando no estamos en obediencia no tenemos autoridad, nuestra fortaleza interior queda al descubierto frente a los ataques del enemigo, hay un descenso de nuestra autoestima en todas las áreas y nos sentimos débiles, influenciables, sin propósito, sin fuerza.

En las esferas espirituales está el aspecto más real de nuestra lucha contra el pecado sexual. Nos referimos a textos como Efesios 6 y la lucha no contra "carne y sangre, sino contra principados, potestades... huestes espirituales de maldad en las regiones celestes", así como a IICor.10:5, donde se nos menciona que "las armas de nuestra milicia no son carnales sino poderosas en Dios para la destrucción de fortalezas". Satanás junto con sus demonios obtiene permiso legal sobre nuestras vidas cuando consentimos con el pecado sexual. Entonces nos ata y nos oprime mediante una fortaleza espiritual. Esto es muy importante, pues como ya hemos mencionado, si bien el creyente no puede ser poseído por un demonio, sí puede ser altamente influenciado y establecer en nuestra alma fortalezas que condicionen nuestros pensamientos, sentimientos y voluntad. Por tanto en nuestro trabajo con homosexuales o jóvenes creyentes con AMS, debemos tener en cuenta este aspecto y contar con un proceso de liberación de ataduras espirituales.

Cerramos este importante apartado, conscientes de que los daños colaterales mencionados deben ser valorados en su justa dimensión, ya que de no ser bien tratados, pueden constituir auténticos lastres que impidan el éxito en nuestro proceso de apoyo hacia personas con AMS.

Consejos adicionales para el agente pastoral

Queremos ofrecer algunas pautas y consejos que dentro de la etapa preventiva, el consejero pastoral ha de conocer. Por un lado es bueno saber desarrollar cierto "ojo clínico" que nos ayude a descubrir situaciones o actitudes que puedan indicar predisposición a iniciar conductas homosexuales. Son los llamados indicadores de desorden de identidad en la infancia:

- Niños especialmente sensibles y solitarios.[108]
- Niños físicamente débiles o poco aptos para juegos varoniles.
- Niños que les gusta ponerse ropa femenina y/o jugar muñecas.
- Niños que manifiestan un deseo reiterado de ser o insistir en que se es del sexo opuesto.
- Niños que buscan las amistades femeninas como grupo de pares, sobre todo en la edad de afirmación de género entre los 7 y los 11 años.

Sobre este último indicador resaltar que en esas edades los niños están reafirmando su identidad de género. Si se trata de chicas suele ocurrir que tengan cierta aversión y repulsa hacia otros chicos y los rechazan para reafirmarse en su feminidad. Asimismo en ese intervalo de edad es cuando los chicos hacen una cabaña en el árbol y ponen un cartel prohibiendo la entrada a las chicas. Es decir, hay una cierta repulsión que en ambos casos pone de manifiesto la necesidad de reafirmación en sus identidades de género. No es preocupante pues no pasarán más que un par de años y ambos géneros empezarán a tener atracción por el sexo opuesto.

Dentro de los primeros años de la infancia una forma interesante y creativa cuando tengamos ciertas sospechas sobre

---

[108] Estos dos primeros indicadores fueron ya trabajados dentro de los factores de riesgo.

la confusión de identidad de un niño[109], y quizás precisamente porque hayamos observado en él alguno de los indicadores arriba mencionados, es iniciar un juego donde le damos al niño un papel y unos lápices de colores, y le pedimos que dibuje "una figura humana". Ante la indefinición genérica de lo que le pedimos, será interesante observar si dibuja un hombre o una mujer. Si por ejemplo dibuja una mujer y para ello además la colorea de tonos fuertes, no podemos aventurarnos a decir que tenga confusión de género, pero probablemente sí una sobredimensión de "mundo femenino". Desde luego esto no quiere decir que el niño vaya a desarrollar una conducta homosexual, o sí, en cualquier caso, deberemos investigar o buscar otros posibles indicios, que como ya hemos visto pueden estar confabulándose y contribuyendo a una conducta prehomosexual.

En la misma línea le podemos pedir al niño que dibuje a su propia familia, y será interesante comprobar el tamaño y la posición de los propios padres[110]. O bien le podemos mostrar dos montoncitos de ropa, uno que incluya pantalones vaqueros y camisa, y otro un vestido o falda, pidiéndole seguidamente que se vista. Dependiendo del montoncito que elija, podemos tener un indicador de por dónde van los tiros.

Cuando trabajamos con chicos con AMS que viven con sus padres

Debemos saber ayudar a los padres que tengan hijos con AMS, a no sucumbir en la trampa de culpabilizarse ni caer en el victimismo. Es más que comprensible que ante la noticia de que su hijo lucha con esos sentimientos o incluso haya tenido experiencias homosexuales, los padres se angustien y todo tipo

---

[109] De nuevo recordamos que nos estamos limitando a la AMS masculina.
[110] O de la composición familiar que tenga: madre soltera, divorcio, compañero/a de su progenitor, hermanastros, pareja homosexual, etc.

de preguntas, algunas acusadoras y de auto-reproche, bombardeen sus mentes.[111] ¿En qué fallamos? ¿Qué no le dimos a nuestro hijo? ¿Cuáles fueron nuestros errores?

En estos casos debemos recordarles que Adán y Eva fueron creados por Dios en un entorno perfecto como era el jardín del Edén, y sin embargo ambos pecaron y desobedecieron a Dios, su padre. Lo que nos enseña, que los errores de nuestros hijos no están directamente relacionados con nuestro fracaso como padres, y también nos enseña que al final, nuestros hijos son dueños de sus propias decisiones.

En no pocos casos de personas con AMS y cuando hablamos de chicos jóvenes que siguen viviendo en casa con sus padres, estos tienen una parte importante en el proceso de recuperación. Normalmente el padre debe hacerse más presente en la vida del hijo y la madre debe retirarse un poco. Es decir el padre da un paso al frente y la madre da un paso atrás[112]. Muchos chicos con AMS viven este modelo de padre ausente y madre sobreprotectora o autoritaria. Por ellos el consejero al que se le ha derivado el caso, lo primero que debe hacer es tranquilizar a los padres, hacerles ver que no es momento de culpabilizarse y ofrecerles un camino hacia la sanidad y la esperanza.

Es importante que mentalicemos a los padres para que pasada la sorpresa, y aún enfado inicial, abandonen todo sentimiento de traición o de repulsa hacia su hijo. Los jóvenes con AMS son víctimas de muchas circunstancias y lo que menos necesitan es juicio. Hay que vivir y enseñar que debemos amar incondicionalmente a nuestros hijos. Podemos manifestarles nuestra sorpresa, nuestro profundo dolor, quizás nuestra impotencia, pero sobre todas las cosas hay que amarlos, abrazarlos,

---

[111] Sobre todo si los padres son pastores o líderes eclesiales.

[112] Este suele ser el modelo más común, aunque también puede darse el caso de padres autoritarios y exigentes.

bendecirlos y apoyarlos. Como dice Richard Cohen, "esto es una batalla de amor, quien más ame y por más tiempo, gana". La lucha hacia la sanidad heterosexual es una lucha de amor incondicional en la que los padres juegan un papel crucial. Los hijos necesitan saber y sentir que su hogar es un lugar de reposo donde pueden sentirse seguros. Como consejeros a veces debemos recordar a aquellos padres que se sienten traicionados o enfadados por la conducta de su hijo, la necesidad de dejar a un lado todas las preguntas y "por qués" que puedan surgir. El amor debe superar todo sentido de justicia o derecho: *el amor cubrirá multitud de pecados*[113], o incluso toda reclamación airada sobre su conducta: *callará de amor*[114]. A veces los padres deben pasar su propio proceso de duelo y aprender a soltar todas sus preguntas y angustia delante del Señor. Al final, en la bibliografía ofreceremos títulos de libros que trabajen el apoyo y la guía a padres con hijos con AMS u homosexuales.

Por un principio de sanidad y confesión, debemos pedirle al chico con AMS que confiese a sus padres toda la realidad que ha vivido. No hace falta entrar en detalles que puedan ser humillantes y dolorosos para los padres, pero sí deben conocer la doble vida que su hijo probablemente llevó, las mentiras, los probables encuentros sexuales si llegó a ellos, el consumo de pornografía, etc. Esto es doloroso de escuchar para los padres[115], pero es el principio de la sanidad, de la confianza y amor incondicional por parte de ellos, y de la confesión y perdón por parte del hijo. Así se establece un colchón de sanidad emocional y

---

[113] IP.4:8.

[114] Sof.3:17.

[115] Asumimos que son situaciones de padres creyentes y que consideran la AMS de su hijo como algo que hay que sanar y reafirmar. Pudiera darse el caso de padres que no siendo creyentes (o lamentablemente aun siéndolo) no consideren un problema grave ni mucho menos un pecado la conducta de su hijo. Como consejeros debemos tener cuidado en estos aspectos sobre todo si el joven con AMS es menor de edad.

una base de confianza y complicidad para juntos, y en el papel que a cada uno le corresponda, lograr que el chico salga adelante y se reafirme en su masculinidad. Recordemos que la familia es uno de los puntales importantes para que el chico con AMS vaya reafirmando su identidad.

Si el modelo de estructura familiar es el de un padre pasivo, debemos trabajar para que el padre se implique un poco más en la vida de su hijo. Ya hemos mencionado que un aspecto preventivo cuando hay sospechas de que un niño pueda tener confusión y vacío de género, es que su padre le involucre en actividades típicamente varoniles: lavar el coche, reparar algo en la casa, salir en bici juntos, etc. Puede ser que quizás el joven con el que se está trabajando sea adolescente y por tanto no esté tan dispuesto a colaborar con su padre en estas actividades, que él pueda considerar más de niño pequeño. Pero sí que el padre puede invitar a su hijo a comer a algún lugar que sea de su agrado, o a ver una película, o simplemente a tomar un café o refresco y charlar. En estos casos, no siempre hay que buscar de antemano el tratar temas profundos o hacer de "padre consejero", a veces es suficiente lograr que padre e hijo disfruten de una buena comida, o de un partido de fútbol, básquet, etc., lo que buscamos es tiempo juntos, pues eso genera apego emocional, terreno común, conexión filial padre/hijo[116].

Solo hay que saber equilibrar este aspecto, pues normalmente al padre le resultará más fácil pasar tiempo con su hijo en contextos de disfrutar juntos de algo, que en contextos de disciplina y responsabilidades en el hogar (que en muchos casos asume la madre más que el padre). Tanto el padre como la madre deben equilibrar la balanza y saber combinar lo lúdico y afectivo, con lo directivo y normativo. Afectividad y palabras

---

[116] En el caso de madres solteras o divorciadas que viven solas con sus hijos, la ayuda de la iglesia es importante para proveer otros jóvenes o adultos que modelen en él, figuras de identidad masculina.

de afirmación deben ir de la mano de normas, límites y disciplina en el hogar.

La figura del mentor a largo plazo

Cuando el consejero trabaja en todo el proceso de recuperación, puede ocurrir que él mismo asuma el papel de mentor. Pero sería más aconsejable, sobre todo pensando en la finalización de la terapia de afirmación de género, normalizar la figura del mentor en la vida de nuestro aconsejado. Una de las características de toda persona con AMS es una sensación de desarraigo y soledad que en realidad es lo opuesto al concepto de intimidad relacional. El concepto de la intimidad en relaciones saludables, es un antídoto natural contra los deseos pecaminosos que batallan en nuestra alma.

Si la tendencia o conducta homosexual implica soledad, egoísmo y aislamiento; la intimidad promueve compañerismo, generosidad en las relaciones y posibilidad de darnos a los demás para ser bendecidos. El mentor debe ser alguien con quien poder hablar a corazón abierto, normalmente será alguien mayor que nosotros y con más peso de experiencia, a quien daremos la libertad, porque le reconocemos autoridad, para aconsejar y aun amonestar o supervisar con amor nuestras vidas y mundo interior. Aunque también puede ser el amigo de corazón, ya dentro de la normalización de amistades masculinas, aquel a quien le contemos y nos cuente sus triunfos, penas y luchas, con quien podamos establecer una sana intimidad tal como la de David y Jonatan, por la que "sus almas quedaron pegadas"[117]. El concepto de rendición de cuentas es aquí donde cobra su verdadera dimensión.

Pasamos ahora a la parte donde expondremos diversos documentos que forman parte del protocolo de intervención que podemos utilizar en nuestra labor de consejería.

---

[117] IS.18:1.

Anexo II

Protocolo de Intervención. Herramientas prácticas

Pasos a seguir con el protocolo de intervención

Independientemente de la problemática específica de la persona que acuda a nosotros, debemos plantearnos un camino práctico que contenga determinados documentos que nos servirán para construir el mapa general de la persona y su problemática. Nosotros lo reduciremos al trabajo con personas con AMS, dado que es la temática que estamos trabajando en este libro. De tal forma, que cuando tengamos que intervenir en algún caso, previamente tendremos una carpeta archivada en nuestro ordenador, donde estarán los modelos de cada uno de los documentos de intervención. Para la primera entrevista imprimimos la ficha inicial de datos y el esquema básico del genograma. Primero explicaremos la dinámica de trabajo y luego en un apartado posterior mostraremos un modelo de cada uno de los documentos que utilizaremos. Todo esto permite que organicemos los casos que podamos tener y así poder recurrir a ellos para que, si en futuras ocasiones tenemos otras situaciones parecidas, podamos tener una referencia sobre cómo se trabajó el proceso[118].

Lo primero que debemos hacer, una vez establecida la base de confianza inicial donde buscamos tranquilizar y esperanzar a la persona, es tomar los datos de la "ficha inicial de datos", que como se apreciará en el modelo adjuntado, son datos relativos a información práctica del aconsejado (nombre completo, dirección, correo electrónico, teléfono[119], etc.). Esto facilita que lo podamos llamar para cualquier cambio o consulta, facilita el envío de algunas tareas por el correo electrónico, etc.

Una vez obtenida la ficha pasamos a la realización del genograma. Se trata de un esquema donde a través de símbolos universales que debemos aprender, obtenemos en 5 minutos literales, un mapa relacional de al menos 3 generaciones, que una vez apuntada la información básica, podemos completar con datos relevantes que puedan ir saliendo en posteriores sesiones. Dado que somos producto del pasado, las dinámicas familiares y la historia del sistema familiar del aconsejado son de importancia vital, pues en ellas se descubren las claves de reacciones, conductas y comportamientos posteriores. En caso de personas con AMS, muchas de las piedras a identificar en

---

[118] Para hacer bien las cosas deberíamos tener un archivador o carpeta física donde ir guardando todos los casos. En situaciones de consejo pastoral quizás esto no sea necesario, pero si queremos trabajar consejería y orientación familiar con rigor, es recomendable organizarnos de esta forma. Además deben estar en lugar seguro para salvaguardar la confidencialidad de dichos documentos.

[119] En cuanto a los datos personales recabados, podemos incluir en la ficha un apartado donde se aclare la conformidad del encuestado (mediante su firma) en ceder sus datos personales.

su historia, se dan en el entorno familiar. Por todo ello, en el genograma se nos desvelan claves, pistas y caminos a explorar, aparte de obtener, mediante un primer golpe de vista, la historia relacional básica, de la persona que aconsejamos.

Un servidor, es el director del Instituto de Formación Familiar INFFA, donde ofrecemos cursos presenciales y online sobre consejería y orientación familiar[120]. En ellos explicamos la formación de los signos básicos y la dinámica a seguir con el genograma. En la bibliografía incluiremos libros y links de derivación para aprender la técnica. Esta herramienta solo tiene sentido y eficacia cuando la practicamos y nos familiarizamos con los símbolos que la componen. Por ello te animamos a que realices tu propio genograma en primer lugar y luego no pierdas ocasión de practicarlo con otras personas. Antes de lo que crees, estarás en disposición de comenzar a utilizarlo en casos reales.

Otro de los documentos que se entregan normalmente en la primera entrevista es el inventario de historia familiar. Se trata de un cuestionario con preguntas de desarrollo que profundizan en aspectos muy importantes de la historia relacional de la persona, comenzando por su familia y llegando a aspectos laborales, personales y conductuales. Estos tres documentos, la ficha de datos, el genograma y el inventario de historia familiar, son los documentos básicos con los que se empieza toda consejería. Si como agentes pastorales u orientadores hacemos consejería con personas fuera del ámbito eclesial y que podemos no conocer, se recomienda incluir una hoja o cláusula de responsabilidad legal, donde se obtenga la aceptación firmada por parte del aconsejado, sobre determinados aspectos. Antes de pasar a mostrar un modelo de cada uno de los 4 primeros documentos citados, veamos un esquema que puede servirnos como guía de la primera sesión que realicemos.

---

[120] www.institutoinffa.com.

Entrevista inicial al cliente

Cuatro fases sobre la Consulta de Evaluación Inicial:

1. Revisión de tu Historia
- Ficha de datos y genograma.
- Inventario de historia familiar.

2. Análisis del contenido
- Exposición e indagación sobre las 10 causas potenciales que pueden producir AMS.
- Explicar el proceso de la homosexualidad con el diagrama de la corriente de la heterosexualidad.

3. Plan de tratamiento
- Estrategia a seguir basada en las cuatro etapas de sanidad.
- Planteamiento de metas claras y proceso a seguir.
- Tareas prescriptivas al aconsejado.

4. Cláusula de Responsabilidad Legal
- Protege tu práctica o ministerio

Modelos sobre los distintos documentos de intervención

Modelo de ficha inicial de datos

FICHA PERSONAL

Nº Expediente: _____

Nombre: _____

Teléfono fijo: _____ Móvil: _____

E-mail: _____

Localidad: _____

Fecha: _____

Asunto: _____

_____

Modelo del esquema para el genograma

(Este es el esquema básico que podemos copiar para archivar e imprimir a medida que vayamos abordando casos)

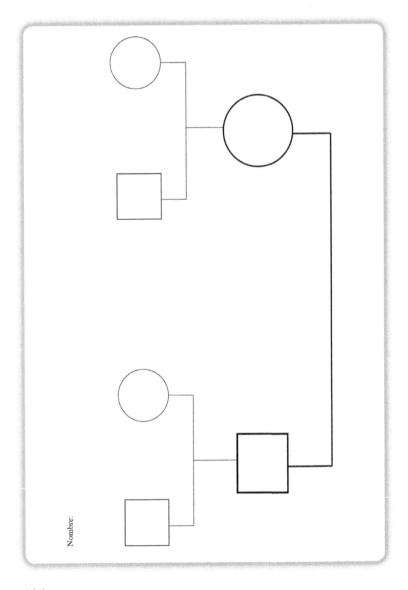

Modelo del esquema para la aceptación del servicio de orientación

Nombre y Apellidos _____

Expresa:

1. Que reconozco que el programa de Orientación que provee este centro/asociación se encuadra en el ámbito de la orientación familiar y no en el de la psicología o la medicina profesional.

2. Que los métodos que se usarán para el programa de "prevención y orientación familiar pueden incluir:

   - Ficha de datos personales.
   - Genograma y test de personalidad.
   - Inventario de historia personal.
   - Entrevistas personales.
   - Distintas técnicas terapéuticas.

3. Que los servicios de orientación familiar que ofrecemos son de carácter no lucrativo y por tanto, no están sujetos a una contraprestación económica a la hora de recibirlos, si bien se aceptarán donaciones voluntarias.

4. Que la parte o partes implicadas tienen la libertad de interrumpir los servicios cuando lo crean conveniente y por las razones particulares que cada uno pudiera tener. En caso de que la decisión de interrumpir el proceso de orientación sea por parte de la persona que lo ha solicitado, deberá avisar con la debida antelación, la cancelación de la cita acordada (si la hubiere).

5. Los datos personales obtenidos durante el proceso de orientación, serán de uso exclusivamente privado y confidencial no pudiendo facilitarse en ningún caso a terceros, salvo que así lo autorice la parte implicada.

6. El hecho de haber completado el proceso de orientación no es garantía de la solución del problema, conflicto o desacuerdo.

7. Se establece un número máximo aproximado de 10 sesiones. La posible continuidad a partir de las 10 sesiones se decidirá por el orientador y la parte implicada en cada caso particular.

Firma   Firma

Fecha

A los efectos de lo previsto en la Ley Orgánica 15/1999, de 13 de diciembre, sobre protección de datos de carácter personal, esta asociación informa que los datos personales serán registrados y utilizados exclusivamente para los fines de orientación, en los casos que se precisen. Los datos personales no podrán ser utilizados para otros fines ni facilitados a terceros, sin previa autorización del titular.

Modelo I: inventario de historia familiar

HISTORIA FAMI'. INVENTARIO DE TRABAJO[121]

(*"somos producto del pasado, pero no prisioneros"*)

1. Describe la relación de tus padres con sus propios padres (tus abuelos).

2. Describe la relación con tus abuelos – del pasado al presente.

   Tu percepción de lo que tengas memoria. Lo que has escuchado o mensajes que has recibido.

3. ¿Dónde vivió la familia de tus padres? ¿Cuál era su pasado étnico y su pasado religioso?

4. Por favor, describe todos los asuntos o eventos graves, tanto del lado paterno como del materno de la familia, como experiencias de guerra, inmigración, abuso sexual, físico, emocional, depresiones, adicciones sexuales, adicción al juego, alcohol o drogas, divorcios, suicidios, violaciones o asesinatos, robos, abortos, homosexualidad, adopciones, mudanzas, etc.

5. Describe tu relación con tu padre –del pasado (desde tus memorias más tempranas) al presente (relación actual).

6. Describe la personalidad de tu padre –del pasado al presente.

7. Describe la historia educativa, de empleo y religiosa de tu padre.

8. Describe tu relación con tu madre – del pasado al presente.

9. Describe la personalidad de tu madre –del pasado al presente.

---

[121] Algunos de los modelos que siguen, como este, son adaptaciones de modelos originales de Richard Cohen, tomados en su mayoría del Manual de Entrenamiento para Consejeros Nivel II.

10. Describe la historia educativa, de empleo y religiosa de tu madre.

11. Describe las relaciones entre tu padre y madre –del pasado al presente.

12. Describe tu relación con tus hermanos (si tienes) –del pasado al presente.

13. Describe las personalidades de tus hermanos.

14. Describe tu relación con cualquier otra persona significativa de la familia (ej. abuelos, tíos, primos, vecinos, padrastro, madrastra).

15. ¿Cuál fue tu papel en el sistema familiar? (Ejemplo: héroe, siempre complaciente, esposo sustituto, mascota, rebelde, el cuidador, el chico de oro, el solitario, chivo expiatorio, mediador, cero a la izquierda…).

16. Describe tu historia escolar, académica y social -del pasado al presente.

17. Describe tu historia sexual –desde tu recuerdo más antiguo al presente. Incluye toda referencia al sexo o sexualidad, dentro o fuera de la familia. ¿Cuándo iniciaron tus sentimientos y deseos homosexuales?

18. Describe tu historia de masturbación –cuándo inició, cómo progresó y con qué frecuencia te masturbas hoy. ¿Hay algún tipo de ritual especial que realices mientras te masturbas? ¿La masturbación va acompañada de fantasías?

19. Describe tus fantasías sexuales –del pasado al presente, pues pueden haber progresado con el tiempo. ¿A qué tipo de personas te sientes atraído? ¿Cuáles son tus características físicas y de personalidad? ¿Qué tipo de actividades se realizan en tus fantasías y en qué ambiente?

20. Describe tu historia religiosa –del pasado al presente.

21. ¿Has vivido experiencias o tienes antecedente familiares de ocultismo, tarot, ouija, brujería?

22. ¿Padeces algún síntoma de terror nocturno, miedo irracional, sentimiento de presencias a tu alrededor, manifestaciones sobrenaturales tipo caída o movimiento de objetos, etc.?

23. ¿Crees que necesitas algún tipo de ayuda para liberarte de posibles influencias espirituales en tu vida?

24. Describe cómo te ves a ti mismo hoy.

25. Enumera cualquier otro asunto significativo en tu vida que no haya sido cubierto en estas preguntas, como cuestiones de salud, asuntos maritales, relaciones extra-conyugales, asuntos de carrera o laborales, problemas económicos o impresiones de terapias o tratamientos previos.

26. ¿Cómo te sientes acerca de tu cuerpo? ¿Te gusta cómo te ves? ¿Ha cambiado esto con el tiempo?

27. ¿Hay algún otro tema, experiencia, trauma que consideres importante y que no ha sido mencionado?

Modelo II: inventario de historia familiar

INVENTARIO PERSONAL Y CONFIDENCIAL

Nombre y apellidos: _____

_____

Dirección: _____

_____

Telf. _____ Móvil _____

E-mail _____

DATOS PERSONALES

Fecha y lugar de nacimiento _____

Estudios realizados _____

Profesión actual _____

Profesiones realizadas _____

Estado: Soltero _____ Casado _____ Divorciado _____

Viudo _____ Pareja de hecho _____ Otros _____

Si está casado o si tiene pareja

Nombre del cónyuge o de la pareja

_____

Edad _____ Nacionalidad _____

Profesión _____

Años casados o de convivencia _____

▶

¿Ha habido matrimonios o uniones anteriores?

NO ☐ SI ☐ ¿Cuántos?_____

Define la relación conyugal:

Tensa ☐ Mal ☐ Estable ☐ Satisfactoria ☐

Muy buena ☐ Ambigua ☐

Define la relación familiar:

Tensa ☐ Mal ☐ Estable ☐ Satisfactoria ☐

Muy buena ☐ Ambigua ☐

Cualquier otro aspecto que quieras indicar: _____

_____

TRASFONDO FAMILIAR
Paternal

1. ¿Viven juntos sus padres? SI ☐ NO ☐

   ¿Desde cuándo? _____

2. Señale los aspectos que definen el ambiente de hogar que ha vivido desde su infancia:

   Agradable ☐ Sereno ☐ Feliz ☐ Tenso ☐

   Violento ☐ Solitario ☐ Temor ☐ Ira ☐ Odio ☐

3. Señale su opinión sobre la relación con sus padres:

   Padre: Ausente ☐ Dominante ☐ Cariñoso ☐

   Comunicador ☐ Considerado ☐ Violento ☐

   Madre: Ausente ☐ Dominante ☐ Cariñoso ☐

   Comunicador ☐ Considerado ☐ Violento ☐

   Otros aspectos _____ ▸

4. Señale los aspectos que mejor definen la relación de sus padres entre ellos:

Afectuosa ☐ Respetuosa ☐ Indiferencia ☐

Frialdad ☐ Comprometidos ☐ Satisfechos ☐

Aislados ☐ Infidelidad moral ☐ Tensos ☐

Respeto mutuo ☐ Diálogo ☐ Amistad ☐

Violencia ☐

5. Señale los aspectos que mejor definen la relación con sus abuelos:

Con todos ☐ Con alguno ☐

Muy agradable ☐ Normal ☐ Distante ☐

Entrañable ☐ Negativa ☐ Horrible ☐

Otros: _____

DESARROLLO PERSONAL

1. ¿Ha sido maltratado/afísica o sexualmente? NO ☐ SI ☐

¿Por cuánto tiempo?_____

2. Señale de los aspectos siguientes los que definen mejor su carácter:

Amable ☐ Indiferente ☐ Tímido/a ☐

Emprendedor/a ☐ Líder ☐ Seguidor/a ☐

Impaciente☐ Visionario/a ☐ Prudente ☐

Impetuoso/a ☐ Tranquilo/a ☐ Emocional ☐

Calculador/a ☐ Hablador/a ☐

Retraído/a ☐ Pensativo/a ☐ Servicial ☐

Egocéntrico/a ☐   Quiero aprender ☐   Pido perdón ☐

Me cuesta perdonar ☐   Rencoroso/a ☐

Acomplejado/a ☐   Arrogante ☐   Inconstante ☐

Enfermizo/a ☐   Persistente ☐   Ordenado/a ☐

Desastre ☐

3. ¿Ha experimentado alguno de estos traumas?

Abusos ☐   Humillación ☐   Ridículo público ☐

Abandono paternal ☐   Abandono romántico ☐

Calumnias ☐   Pérdida de un ser querido ☐

Pobreza ☐   Alcoholismo ☐   Obesidad ☐

Deficiencia física ☐   Cárcel ☐   Denuncias ☐

Adicción ☐

4. Señale tres aspectos de su infancia que hayan sido agradables y positivos.

a. _____

b. _____

c. _____

5. Señale tres aspectos de su vida en general que hayan sido desagradables y difíciles.

a. _____

b. _____

c. _____

RELACIONES SOCIALES Y LABORALES

1. ¿Existen conflictos actuales con vecinos o compañeros de trabajo? NO ☐ SI ☐

2. ¿Qué es lo que más le cuesta en las relaciones sociales?

   Saber qué decir ☐   Callarme ☐   Escuchar ☐

   Me siento inferior ☐   Miedo al ridículo ☐

   Entender a los demás ☐   Confiar en los demás ☐

3. ¿Cómo definiría su trabajo?

   Aburrido ☐   Rutinario ☐   Fantástico ☐   Estresante ☐

   Tenso ☐   Normal ☐   Es una carga ☐

   Me ilusiona ☐   Me deprime ☐

   Me motiva a mejorar ☐   Me limita ☐

RELACIONES FAMILIARES

1. ¿Cómo se resolvían los conflictos en su hogar?
2. ¿Cómo resuelve los conflictos con su pareja?
3. ¿Qué problemas diría que tiene con su pareja?

PERSPECTIVAS

1. La perspectiva actual de su vida es:

   Positiva ☐   Negativa ☐   Ambigua ☐   No tengo ☐
   Confusa ☐

2. ¿Cuál cree que es el propósito de su vida?

   _____

   _____

3. ¿Qué objetivos o metas importantes ha conseguido en su vida? _____

   _____

HÁBITOS

1. ¿Cuántas horas diarias dedica a ver la televisión, internet? _____

   ¿Solo/a o en familia? _____

2. ¿Dedica tiempo a la lectura? _____

3. ¿Algún hobby? _____

4. ¿Hay hábitos ocultos que le costaría compartir?
   NO ☐ SI ☐

5. ¿Hay hábitos manifiestos que otras personas observan en usted? NO ☐ SI ☐

   ¿Cuáles? _____

6. ¿Algún hábito le está causando serios problemas?
   NO ☐ SI ☐

SALUD PERSONAL

1. ¿Ha habido problemas de adicción en su familia? (alcohol, drogas, juegos, sexo etc.)
   NO ☐ SI ☐

2. ¿Tiene, o ha tenido, problemas de adicción? (alcohol, drogas, juegos, sexo, etc.)
   NO ☐ SI ☐

3 ¿Algún antecedente familiar de enfermedad mental, accidente o hecho traumático?

4. ¿Cómo describiría su situación personal en los siguientes aspectos?

   a) Dieta: Equilibrada ☐   Desordenada ☐

   Excesiva comida ☐   Pobre ☐   Indiferente ☐

b) Ejercicio Físico: Ninguno ☐   Esporádicamente ☐
   Regularmente ☐   Cada día ☐

c) Descanso: Equilibrado ☐   Muy poco ☐   Excesivo ☐
   Desordenado ☐   Trastorno ☐

d) Trabajo: Normal ☐   Demasiado ☐   Molestia ☐
   Obsesivo ☐

c) Estado emocional: Equilibrado ☐   Apático ☐
   Depresivo ☐   Obsesivo ☐   Angustioso ☐

Razones: _____

5. ¿Alguno de sus padres o hermanos tiene o ha tenido dificultades con alguno de estos aspectos?

Pensamientos Obsesivos ☐   Pensamientos pasionales ☐
Visiones ☐   Ansiedad ☐   Pensamientos suicidas ☐
Complejos de inferioridad ☐   Odio ☐   Amargura ☐
Celos ☐   Rencor ☐

¿Algún otro aspecto no considerado anteriormente?

_____

¿Quiénes lo sufren? _____

Otros: _____

2. ¿Está tomando algún tipo de medicación? NO ☐   SI ☐
¿Cuál? _____

_____

Razones: _____

_____

▶

¿Hay algún otro tema, experiencia, trauma que consideres importante y que no ha sido mencionado?

_____

_____

¿Has vivido experiencias o tienes antecedente familiares de ocultismo, tarot, ouija, brujería?

_____

_____

¿Padeces algún síntoma de terror nocturno, miedo irracional, sentimiento de presencias a tu alrededor, manifestaciones sobrenaturales tipo caída o movimiento de objetos, etc.?

_____

_____

¿Crees que necesitas algún tipo de ayuda para liberarte de posibles influencias espirituales en tu vida?

_____

_____

Modelo de ficha de derivación

FICHA DE DERIVACIÓN

DATOS RELATIVOS A LA INSTITUCIÓN A LA QUE SE DERIVA EL CASO

Fecha de derivación: _____

Entidad: _____

Servicio que presta: _____

Nombre del profesional: _____

Profesión: _____

Tfno. de la entidad: _____ Fax: _____

Correo Electrónico: _____

DATOS RELATIVOS A LA FAMILIA DERIVADA

Personas implicadas: _____

_____

Domicilio / Teléfono: _____

_____

Breve definición del problema:

_____

_____

_____

Soluciones intentadas:

_____

_____

_____

Documentación que se deriva:

-

-

-

A continuación añadimos dos fichas: una primera que se puede usar como modelo para que el aconsejado las trabaje y pueda identificar sus propios factores de riesgo, y en la siguiente ficha, un esquema de las "piedras" que en su historia personal desviaron la corriente natural de la heterosexualidad.

CONSTELACIÓN DE VARIABLES POTENCIALES O FACTORES DE RIESGO QUE GENERAN LA AMS[122]

1. **Herencia:**
   Naturaleza heredada
   Asuntos familiares no resueltos
   Filtros mentales – errores de percepción
   Predilección por el rechazo

2. **Temperamento:**
   Hipersensibilidad
   Integración sensorial
   Naturaleza artística
   Conductas no conformes con el rol de género
   Hombres más femeninos, mujeres más masculinas

3. **Heridas hetero-emocionales:**
   Fusión familiar
   Negligencia (desatención de los padres)
   Abuso
   Abandono
   Adicciones
   Imitación de conductas
   Nacido con el sexo equivocado

---

[122] Adaptado íntegramente de Richard Cohen.

4. **Heridas homo-emocionales:**
Negligencia (desatención de los padres)
Abuso
Fusión familiar
Abandono
Adicciones
Imitación de conductas

5. **Heridas entre hermanos/dinámica familiar:**
Orden de nacimiento
Abuso (verbal, mental, emocional, sexual, físico)
Apodos

6. **Heridas de la imagen corporal:**
Lentitud en el desarrollo
Discapacidades físicas
Muy bajito/muy alto
Muy flaco/muy gordo
Falta de coordinación viso manual

7. **Abuso Sexual:**
"Imprimir" la homosexualidad
Conductas aprendidas y reforzadas
Sustitutos de afecto y amor

8. **Heridas homo-sociales:**
Apodos
Ridiculizaciones
Bueno-bueno
La "mascota" del maestro
No ser atlético
Chicos: no son rudos ni toscos
Chicas: demasiado rudas y toscas

9. **Heridas culturales:**
Medios que promueven la homosexualidad como innata e incurable
Sistema educativo que afirma la homosexualidad

Industria del entretenimiento que afirma la homosexualidad
Internet que promueve la homosexualidad
Pornografía

10. Otros factores:
Divorcio
Muerte
Influencias y experiencias intrauterinas
Adopción
Religión

IDENTIFICANDO LAS PIEDRAS EN TU HISTORIA FAMILIAR

Toma tiempo y evalúa en tu vida todos los aspectos que a continuación se mencionan. Se trata de que identifiques en tu vida todos los factores de riesgo (piedras) que puedas encontrar.

Herencia generacional (sistema familiar, pecados generacionales)

Recuerda en tu historia familiar si por parte de tus propios padres, tíos, abuelos, se dio alguna situación grave o disfuncional de índole sexual, accidente, conflicto relacional que haya afectado al sistema familiar, violencia, drogas, alcohol, asuntos relacionados con el ocultismo o la brujería, etc.

Herencia intrauterina (el útero es el primer mundo para el niño)

Investiga preguntando a tus padres o familiares que hayan convivido en tu hogar durante el embarazo de tu madre. ¿Cómo fue? ¿Fue un embarazo tranquilo? ¿Hubo algún hecho traumático que afectó a la madre? Depresión, accidente, maltrato del padre, violencia familiar, etc.

Temperamento sensible

Evalúate a ti mismo y define si te identificas con un tipo de temperamento sensible, delicado, tímido, poca seguridad personal, dado a la melancolía, gusto por las artes (música, teatro, danza, poesía, etc.) antes que por los deportes (futbol, natación, tenis, baloncesto, motos, etc.).

Constitución física débil

Menciona tu capacidad o torpeza para los deportes, habilidades físicas, defectos físicos, obesidad, delgadez, minusvalía, etc.

Heridas relacionales paterno y maternas

Rememora tu infancia y tu trato con tus padres para identificar como crees que te afectó su trato hacia ti (pasivos, abusivos, autoritarios, sobreprotectores, etc.).

Herencia cultural e influencia del medio *(valores, normas, leyes...)*

Recuerda como creciste en tu barrio, ciudad, pueblo. Sistemas de valores, política, filosofía de vida de amistades, círculos de influencia, valores en la escuela, grupo de amigos o vecinos, etc.

Erotización traumática o abuso sexual

Anota cualquier tipo de abuso que hayas podido recibir en la infancia o adolescencia, tocamientos, caricias, exposición a pornografía, actos sexuales explícitos, etc.

Falta arraigo y raíces sociales

Menciona aspectos relativos a tu situación familiar tales como adopción, hijo no deseado, madre soltera, sentido de no pertenencia, separaciones, divorcios, convivencia con distintas parejas paternas o maternas, continuos cambios de lugar o ciudad o país.

¿Quizás tu temperamento haya sido el contrario al que hemos mencionado arriba? Es decir, ¿te consideras extrovertido, seguro de ti mismo, con una autoestima alta, y una buena constitución física?

¿Hay alguna característica importante que te defina y que no ha salido en la encuesta?

Test de los 4 temperamentos

Todo lo que hemos vivido en los primeros años de nuestra vida va conformando nuestro temperamento, carácter y personalidad particular. Es importante conocer las características distintivas que conforman nuestras reacciones, impresiones y talante ante la vida, es decir nuestra personalidad. Dependiendo de nuestro temperamento y carácter, responderemos de forma distinta en nuestra manera de vivir, expresarnos y entender nuestro "cableado" de personalidad. Definamos cada uno de estos términos:

Temperamento (*adquirido*). Es algo innato, nacemos con él en base a la combinación de genes y cromosomas. Es nuestro comportamiento heredado que condiciona y conforma nuestra particular visión de las cosas, nuestras reacciones, impresiones, etc. Es importante resaltar que aunque el temperamento sea la base de nuestro comportamiento heredado genéticamente, no puede ser excusa para sostener que "soy así y no puedo cambiar".

Hablamos de que el temperamento condiciona pero no determina nuestra actuación, pues la madurez consiste en superarnos en aquellas áreas donde necesitamos mejorar. Este proceso es precisamente el que conforma el punto siguiente del que vamos a hablar, es decir nuestro carácter.

Carácter (*modificado*). Es el resultado de nuestro temperamento natural modificado a lo largo de todas las influencias exteriores que comprenden nuestro paso por la vida: educación, formación, relaciones, creencias, motivaciones etc. Si el temperamento es **innato** recibido por herencia genética, el carácter es **adquirido** recibido por herencia cultural.

Personalidad (*proyectado*). Personalidad[123] es la expresión externa de nosotros mismos, lo que otros ven y lo que nosotros queremos que vean, es decir, la cara pública que mostramos hacia los demás. Normalmente nuestra personalidad esconde la parte más inmadura de nosotros mismos y realza nuestros mejores atributos. Esto es normal pues en un plano de relaciones superficiales no entramos en el área de los sentimientos, manteniendo la distancia y ajustándonos a las reglas de educación y civismo.

Una personalidad madura es aquella en la que no hay grandes diferencias entre su vida pública y privada. Particularmente en las personas con AMS la personalidad (lo proyectado) puede ser una fachada que oculta inseguridad, carencias, etc. Estas personas son capaces de actuar y representar una historia personal aparente que no se corresponde con su interior. Sin llegar a sufrir ningún tipo de patología, sí puede existir algo parecido a una cierta bipolaridad o tendencia a personalidad múltiple y estado de ánimo variable. Esto puede ser peligroso porque la tendencia es a tapar, esconder y no tratar a fondo su historia.

---

[123] En su etimología la palabra personalidad viene del latín "personare" que hace referencia a las máscaras que se utilizaban en la antigüedad para representaciones teatrales y que representaban distintos estados emocionales. Dichas máscaras, y cuando el actor hablaba, producían una resonancia (resonar, personar, personalidad).

Test de los 4 temperamentos

Al realizar este TEST[124] toma en cuenta que existen diversos trasfondos que afectan el resultado del test, la educación recibida en la infancia, y el hecho de que las personas cambian con los años. También cuenta mucho las prácticas o hábitos religiosos. Si la persona que hace el test miente o se desconoce a sí misma, los resultados son poco fiables y certeros. Con frecuencia están representados al menos 2 temperamentos básicos, el predominante y otro. Solo mediante el test y otras pruebas detalladas, puede hacerse un diagnóstico preciso de las cargas temperamentales.

Tendrás que ser muy sincero en las respuestas, además si deseas saber tu temperamento básico, tendrás que buscar en las emociones de tu mente y específicamente en momentos punta de tu comportamiento. Los resultados podrían variar, entendiendo que ser de un temperamento equivale a un resultado del 100% en el total de respuestas. O bien aún es posible sacar el 60% de uno temperamento y 40% de otro. Incluso son posibles porcentajes aún más variados de hasta tres temperamentos.

---

[124] Adaptado de internet

En cada una de las siguientes líneas de cuatro palabras, coloque una "**X**" delante de la palabra que más se aplica a usted **marcando una sola opción de las cuatro** por cada línea. Continúe hasta terminar las cuarenta líneas. Si no sabe el significado de alguna palabra, consulte un diccionario o pregunte antes de contestar.

Fortalezas:	Sanguíneo	Colérico	Melancólico	Flemático
1	Animado	Aventurero	Analítico	Adaptable
2	Juguetón	Persuasivo	Persistente	Plácido
3	Sociable	Decidido	Abnegado	Sumiso
4	Convincente	Controlado	Competitivo	Considerado
5	Entusiasta	Inventivo	Respetuoso	Reservado
6	Enérgico	Autosuficiente	Sensible	Contento
7	Activista	Positivo	Planificador	Paciente
8	Espontáneo	Seguro	Puntual	Tímido
9	Optimista	Abierto	Ordenado	Atento
10	Humorístico	Dominante	Fiel	Amigable
11	Encantador	Osado	Detallista	Diplomático
12	Alegre	Constante	Culto	Confiado
13	Inspirador	Independiente	Idealista	Inofensivo

14	Cálido	Decisivo	Humor Seco	Introspectivo
15	Cordial	Instigador	Considerado	Conciliador
16	Platicador	Tenaz	Considerado	Tolerante
17	Vivaz	Líder	Leal	Escucha
18	Listo	Jefe	Organizado	Contento
19	Popular	Productivo	Perfeccionista	Permisivo
20	Jovial	Atrevido	Se comporta bien	Equilibrado

Debilidades

21	Estridente	Mandón	Apocado	Soso
22	Indisciplinado	Antipático	Sin entusiasmo	Implacable
23	Repetidor	Reticente	Resentido	Resistente
24	Olvidadizo	Franco	Exigente	Temeroso
25	Interrumpe	Impaciente	Inseguro	Indeciso
26	Imprevisible	Frío	No compromete	Impopular
27	Descuidado	Terco	Difícil de contentar	Vacilante
28	Tolerante	Orgulloso	Pesimista	Insípido
29	Iracundo	Argumentador	Sin motivación	Taciturno
30	Ingenuo	Nervioso	Negativo	Desprendido

	SANGUÍNEO	COLÉRICO	MELANCÓLICO	FLEMÁTICO
31	___Egocéntrico	___Adicto al trabajo	___Abstraído	___Ansioso
32	___Hablador	___Indiscreto	___Susceptible	___Tímido
33	___Desorganizado	___Dominante	___Deprimido	___Dudoso
34	___Inconsistente	___Intolerante	___Introvertido	___Indiferente
35	___Desordenado	___Manipulador	___Moroso	___Quejumbroso
36	___Ostentoso	___Testarudo	___Escéptico	___Lento
37	___Emocional	___Prepotente	___Solitario	___Perezoso
38	___Atolondrado	___Malgeniado	___Suspicaz	___Sin ambición
39	___Inquieto	___Precipitado	___Vengativo	___Poca Voluntad
40	___Variable	___Crítico	___Comprometido	___Astuto
R:	SANGUÍNEO	COLÉRICO	MELANCÓLICO	FLEMÁTICO

Respuestas: Para ver los resultados suma por columna… Cada "x" vale 1 punto. Suma como se indica abajo.

1-20				
21-40				
Total				
Por cientos	%	%	%	%

Habiendo realizado el TEST revisa la hoja que corresponda a tu temperamento y verifica si se acerca al resultado evaluado por tí mismo… Después de eso, revisa también las combinaciones… El mayor porcentaje en tu resultado es tu temperamento mayor, y el que le sigue define tu combinación en ese orden…

NOTA FINAL:

RECURSOS DE INFORMACIÓN Y AYUDA

Cursos de formación familiar y organización de conferencias y seminarios sobre la familia

www.institutoinffa.com

www.ministeriojuanvarela.com

Asociaciones internacionales de ayuda a personas con AMS

Asociación Zapatos Nuevos
www.zapatos-nuevos.org

Cristianos en Recuperación
www.christians-in-recovery.org

Es Posible la Esperanza
www.esposiblelaesperanza.com

Ministerio Hijos del Padre
www.hijosdelpadre.orrg

Fundación Solidaridad Humana
www.educacion-sexual.org

Elena Lorenzo
www.elenalorenzo.com

Exodus Latinoamérica
www.exoduslatinoamerica.org

Corazón en Movimiento
www.desireecarlson.com

Grupos de Apoyo en Línea
www.joel225.com

Asociación REDIME
www.redime.net

Plaza del Encuentro
www.entrecristianos.com

Ministerio RESTAURACIÓN
www.restauracionargentina.org

Sexólicos Anónimos
www.courage-latino.org

Organización Nacional para la Investigación y Terapia de la Homosexualidad NARTH
www.truthwinsout.org/narth

Curso liberando a los cautivos
www.liberandoaloscautivos.aveltprograms.com/

Curso de restauración sexual. Placeres Perfectos
www.placeresperfectos.com.ar/curso-basico/

Bibliografía

Arterburn, Stephen. La batalla de cada hombre, UNILIT. Miami, 2003

Bauman, Zygmunt. Modernidad líquida, Fondo de Cultura Económica. México, 2003

Bauman, Zygmunt. Vida líquida, PAIDOS. Barcelona, 2006

Blanco, Pedro. La Conducta homosexual, obra inédita

Bly, Rober. Iron John, Una nueva visión de la Masculinidad, GAIA. Madrid, 1998

Burns, David. Autoestima en 10 días, PAIDOS. Barcelona, 2000

Cadarso, Victoria. Abraza tu niño interior. PALMYRA. Madrid, 2013

Capacchione, Lucia. El poder de tu otra mano, GAIA. Madrid, 1995

Carvalho, Esly. Cuando el homosexual pide ayuda, CERTEZA. Buenos Aires, 2004

Cohen, Richard. Comprender y sanar la homosexualidad, LIBROSLIBRES. Madrid, 2004

Cohen, Richard. Hijos gay, padres heterosexuales, LIBROSLIBRES. Madrid, 2014

Cohen, Richard. Abriendo las puertas del armario, LIBROS-LIBRES. Madrid, 2013

Consiglio, William. ¿Qué es la homosexualidad? CLC. Bogotá, 2007

Crabb, Larry. El silencio de Adán, CLC. Colombia, 2002

Hallman, Janelle. El corazón de la AMS femenina, InterVarsity-Press, (sin datos publicación)

Holderread, Carolyn. Abuso sexual en los hogares cristianos y la iglesia, CLARA. Colombia, 2002

La Haye, Tim. Homosexualidad homosexual. EMH. Colombia, 2007

Louis Cole, Edwin. Hombre de verdad, GOZO-E. Ecuador, 2010

Lutzer, Erwin. La verdad acerca del matrimonio homosexual. USA, 2005

Moberly, Elizabeth. Homosexualidad una nueva ética cristiana, (fuente: www.esposiblelaesperanza.com)

Nicolosi, Joseph. Cómo prevenir la homosexualidad, EDUCOM. Madrid, 2002

Nicolosi, Joseph. Quiero dejar de ser homosexual, ENCUENTRO. Madrid, 2012

Penner, Clifford. El hombre y la sexualidad, CARIBE. USA, 1998

Polaino, Aquilino. ¿Hay algún hombre en casa? DESCLE. España, 2010

Rojas, Enrique. El hombre ligth, VIVIRMEJOR. España, 2002

Schmidt, T. La homosexualidad, compasión y claridad en el debate, CLIE, Barcelona 2008

Sinay, Sergio. La masculinidad tóxica, EDICIONESB. Argentina, 2006

Tracy, Steven. Como comprender y sanar el abuso, VIDA, (sin más datos)

Trevijano, Pedro. ¿Puede tener esperanza el homosexual? VOZDEPAPEL. Madrid, 2013

Trevijano, Pedro. Relativismo e ideología de género, VOZDE-
PAPEL. Madrid, 2015

Van Den Aardweg. Gerard. Homosexualidad y esperanza,
EUNSA. Navarra, 2005

Van Den Aardweg. La batalla por la normalidad, EUNSA.
Navarra, 2005

Varela, Juan. Tu matrimonio SI importa, CLIE. Barcelona, 2012

Varela, Juan. Tu identidad SI importa, CLIE. Barcelona 2014

Weiss, Douglas. El sexo, los hombres, Dios, CASACREA-
CION. Florida, 2003

Material de estudio Exodus Latinoamérica

Cárdena, Eduardo. Soy ex gay. ¿Y ahora qué hago? Exodus

El corazón de la verdad, raíces y causas de la homosexualidad
femenina. Enfoque a la Familia

Hobizal, Phillip. Recuperando lo que nos pertenece. Exodus

Cárdenas, Eduardo. Confesión y rendición de cuentas. Exodus